AF243714

ALDOSHOW
FACTORY GROUP USA

PORTADA: Susana Diaz De Vita
DISEÑO: Samuel Arroyo
ISBN 978-0-692-92811-0

CÓMO VIVIR EN LOS ESTADOS UNIDOS:

Y NO FALLAR EN EL INTENTO

ALDO LAURICELLA

ALDOSHOW
MMXVII

Dedicatoria

Este **libro** está dedicado a todos los inmigrantes del mundo. A todos aquellos que han tenido que abandonar su tierra de nacimiento para buscar suerte y mejores oportunidades de tener una nueva **vida** en otros territorios.

A mi **Padre**, un **inmigrante** de altura que supo enamorarse de su nueva tierra y criarnos con ejemplo de respeto a todas las nacionalidades del mundo. Supiste luchar y enfrentar miles de situaciones.

Permaneciste por más de 50 años en tu nuevo **país**, tu nueva patria, y nunca te lamentaste de hacerlo de esa forma.

A ustedes, los lectores que deben tomar tan difícil decisión INMIGRAR. Este fácil y esencial libro quiere explicarles de forma informativa todo lo que lo que deben y no deben hacer en Los Estados Unidos De América.

Índice

 7

Agradecimientos

Este trabajo lo he realizado con dedicación para tratar de abordar los aspectos más importantes de vivir en Estados Unidos. Puede ser considerado como una guía de estudio y aprendizaje con un vasto contenido de tips para no cometer errores y lograr estabilizarse en el país.

En esta edición he dedicado una profunda investigación en los detalles del día a día, esos aspectos que creemos que no son importantes y al no reflexionar en ellos pueden cambiarnos la vida.

Cabe agregar, que las cosas tan simples como comprar un auto, una casa o inscribir a tu hijo en el colegio son diferentes en este país, y es de suma importancia saber que debes hacer antes de ejecutar cualquier cosa.

Todo lo escrito en este libro ha sido investigado por mi propia cuenta con mucha dedicación, cada capítulo es una vivencia propia, real y una experiencia que comparto con ustedes. Al inicio pase por muchas dificultades pero pude corregir mis errores a tiempo. No quiero que lo que yo pasé te pase a ti, deseo que comprendas que es importante leer este libro no a modo de ficción porque no lo es. Esto es real y ocurre todos los días, cientos de inmigrantes que llegan al país con grandes sueños pensando que vivir aquí es como venir de vacaciones y eso no es así.

Es necesario, reflexionar en todo lo que encontrarás aquí porque para eso ha sido escrito este libro.

Bienvenidos a los Estados Unidos de América.

Prefacio

Le agradezco a los Estados Unidos de América por haberme dado la oportunidad de vivir en sus tierras, y así tener una vida llena aprendizajes, experiencias y felicidad.

Le doy gracias a mi familia que siempre me apoya constantemente en cada paso que doy, y gran parte de los escritos presentes son también una vivencia de ellos.

A mis hijas que siempre me han dado aliento para seguir creando y construyendo nuevos sueños y metas.

A mi madre por su decisivo apoyo y siempre con pie de plomo se encuentra presente en todos mis proyectos y metas.

A mis Cuñadas, por ser como mis hermanas, que también son inmigrantes que con gallardía conocen lo difícil de un nuevo comienzo.

Gracias a mis sobrinos y sobrinas, que son mis pilares para seguir día a día compartiendo ideas y proyectos juntos

Le doy gracias a mi equipo de trabajo de Aldoshow, que sin decir (NO) siempre están presentes y dispuestos a apoyar todas las metas que trazamos.

Especialmente gracias, a todos los lectores que comenzarán su travesía con este libro guía.

Introducción

Emigrar es un paso que requiere valor, conocimientos y planificación. Cada nación posee sus propias costumbres y leyes que debemos conocer y respetar. Así mismo, una amiga cercana me comentó un día que necesi-taba un dinero y fue a solicitar un préstamo. Por supuesto, ella es de **origen latino** y cuando acudió a la cita se encontró con esta sorpresa.

La vecina de ella (Norteamericana), le había comentado que si necesitaba dinero ella conocía una agencia de préstamos al cual podía acudir, mi amiga inmediatamente tomó la dirección y se presentó a la reunión. Después de permanecer en el lugar respondiendo un cuestionario o interrogatorio financiero las personas de la agencia de préstamos le respondieron de esta manera.

Le ofrecieron darle el préstamo solicitado, no obstante por un interés que no tenía nada que ver con el interés del mercado bancario y mucho menos con el interés que le aplicaron a su vecina. En efecto, mi amiga no aceptó el préstamo y se regresó a su casa.

Al verse con su vecina le comentó lo sucedido que el préstamo que le ofrecieron tenía una tasa de interés altamente elevado casi por el mismo monto del préstamo. Ese interés no era igual al presentado por la agencia a su propia vecina.

Luego de unos días, mi amiga le comentó a un abogado y este le dijo que en el país ese procedimiento estaba prohibido porque eso demostraba discriminación.

"Este ejemplo puede constituir una infracción de las leyes federales que prohíben la discriminación en préstamos por motivos de origen nacional, raza, color, sexo, religión, desabilidad y estado civil o porque una parte de los ingresos de una persona proviene de asistencia pública. Si usted piensa que se le ha negado un préstamo debido a su origen nacional u otro motivo previsto por las leyes, puede pedirle al prestamista una explicación por escrito de las razones por las que rechazó su solicitud".

¿Sabías eso? ¡No, Verdad! Por eso ha sido escrito este libro, para conocer tus derechos.

CAPITULO 1
ESTADOS UNIDOS

Estados Unidos (en inglés, United States, y su abreviatura es EE. UU.), oficialmente Estados Unidos de América (United States of América, siendo su sigla EUA), es un país soberano constituido en república federal constitucional compuesta por 50 estados y un distrito federal. La mayor parte del país se ubica en el centro de América del Norte —donde se encuentran sus 48 estados contiguos y Washington D. C., el distrito de la capital—, entre los océanos Pacífico y el Atlántico, limita con Canadá al norte y con México al sur. El estado de Alaska está en el noroeste del continente, limitando con Canadá al este y separado de Rusia al oeste por el Estrecho de Bering. El estado de Hawái es un archipiélago polinesio en medio del océano Pacífico, y es el único estado estadounidense que no se encuentra en América. El país también posee varios territorios en el mar Caribe y en el Pacífico.

Cuenta con 9,83 millones de km² y con más de 324 millones de habitantes, el país es el cuarto mayor en área total, el quinto mayor en área contigua y el tercero en población. Es una de las naciones del mundo étnicamente más diversas y multiculturales, producto de la inmigración a gran escala. Por otro lado, es la economía nacional más grande del mundo en términos nominales, con un PIB estimado en 15,7 billones de dólares (una cuarta parte del PIB global nominal) y una quinta parte del PIB global en paridad de poder adquisitivo.

El país es la principal fuerza capitalista del globo, además de ser líder en la investigación científica y la innovación tecnológica desde el siglo

XIX, y desde comienzos del siglo XX, el principal país industrial; con altos niveles goza de muchas instituciones públicas y privadas de educación superior competitiva bajo políticas de admisión abiertas. En PIB PPA, EE. UU. es la segunda economía más grande del mundo, por detrás de China.

Los pueblos indígenas llevan miles de años habitando lo que hoy es el territorio continental de los Estados Unidos. Esta población amerindia fue reducida por las enfermedades y la guerra después del primer contacto con los europeos. Estados Unidos fue fundado por trece colonias británicas, situadas a lo largo de la costa atlántica. El 4 de julio de 1776, emitieron la Declaración de Independencia, que proclamó su derecho a la libre autodeterminación y el establecimiento de una unión cooperativa.

Los estados rebeldes derrotaron al Imperio británico en la guerra de independencia, la primera guerra colonial de independencia exitosa. Además, la actual Constitución de los Estados Unidos fue adoptada el 17 de septiembre de 1787; su ratificación al año siguiente hizo a los estados parte de una sola república con un gobierno central fuerte. La Carta de Derechos comprende diez enmiendas constitucionales que garantizan los derechos civiles fundamentales y las libertades, y en 1791 fue ratificada.

En el siglo XIX, los Estados Unidos adquirieron territorios de Francia, España, Reino Unido, México y Rusia, además de anexionarse la República de Texas y la República de Hawái. En la década de 1860, las disputas entre el sur agrario y el norte industrial sobre los derechos de los estados y la abolición de la esclavitud provocaron la Guerra de Secesión. La victoria del norte evitó una división permanente del país y condujo al final de la esclavitud legal. Para la década de 1870, la economía nacional era la más grande del mundo y la guerra hispano-estadounidense y la Primera Guerra Mundial confirmaron el estatus del país como una potencia militar.

Después de la Segunda Guerra Mundial, surgió como el primer país con armas nucleares y un miembro permanente del Consejo de Seguridad de las Naciones Unidas. El final de la Guerra Fría y la disolución de la Unión Soviética dejaron a los Estados Unidos como la única superpotencia. El país representa dos quintas partes del gasto militar mundial y es una fuerza económica, política y cultural, líder en el mundo.

En este capítulo quise dejar un resumen de los Estados Unidos, su origen, población, territorio, entre otros.

Apuesto que ustedes saben poco de la historia o de la estructura del país, como inmigrantes lo más importante es comprender y conocer dónde se vive o se va a vivir.

Hay mucha más información en internet que es de suma importancia que ustedes conozcan. No solo nuestros hijos deben conocer la historia de este país, también nosotros porque esto ayudará a comprender el lugar donde vivimos.

¿Cómo son los estadounidenses?

Individualistas, independientes, francos, informales, amistosos, competitivos, puntuales y etnocentristas. Una visión detallada de la forma de ser de los "americanos".

CAPITULO 2

La Llegada

OBTENER TU ID

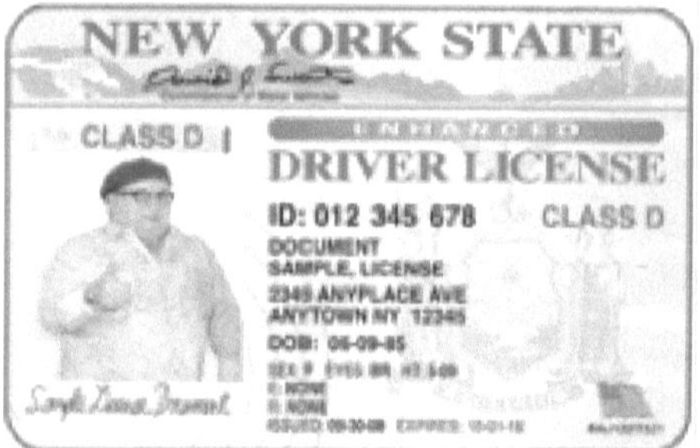

Obtener tu Id es una de las **diligencias** más importantes, este documento abre las puertas a todo, ya que sin él es casi imposible permanecer en el país.

Es necesario informarte bien donde acudir para obtener el Id y como son las **leyes de tu Estado**, cada uno tiene leyes diferentes.

Por ejemplo, cuando saqué mi ID fue un cuento de terror porque no tenía idea los procesos a seguir, tuve que investigar en internet y hay cientos de criterios diferentes. Entre los datos que obtuve, me enteré que se debe realizar un examen. Así es, ¿Un examen? ¿Cómo es eso? En mi país yo no hice ningún examen. Pensé ¡esto es de locos! Tengo que conseguir alguna página que me diga que debo hacer, y pasé días buscando. Sin embargo, lo más fácil es dirigirse a las diferentes oficinas donde dan la oportunidad de obtener este valioso documento. Allí indican los pasos y cómo debes prepararte para presentar **tu examen.**

OBTENER TU SOCIAL SECURITY.

Este documento tan importante es vital, sin él no eres absolutamente nadie en el país (**No existes**).

Observa este simple concepto:

El Social Security: Es la conexión directa al derecho de tener un empleo y pagar impuestos.

Por ello, este documento es **indispensable**. Es necesario que lo protejas con tu propia vida porque en el país existe una modalidad llamada: "El robo de identidad".

Sí, así como lo lees aquí también roban y estafan, este es un país como cualquier otro con la diferencia que las cosas funcionan y todo se paga.

El robo de identidad es uno de los delitos más comunes de los últimos tiempos. Quienes logran obtener tu número de Social Security lo hacen para usar tu buen crédito y obtener el de ellos, luego tramitan tarjetas de crédito bajo tu nombre, y con ellas efectúan consumos que nunca pagan. Tu número de Seguro Social y los registros son confidenciales. Si alguien pide información sobre el beneficiario, las oficinas centrales del Seguro Social no brindarán ninguna información sin una autorización escrita, a menos que la ley lo requiera o lo permita.

En caso de extraviar la tarjeta, es necesario comunicarlo inmediatamente a las oficinas del Seguro Social. El trámite es rápido y sencillo. Se llena una solicitud de una sola página y algunos documentos de soporte, únicamente originales.

Así que debes tener cuidado con este documento y sobre todo revisarlo muy bien al momento de recibirlo que no tenga errores en el nombre, apellido, etc.

BUSCAR DÓNDE VIVIR.

Esta es una de las partes más importantes de tu llegada a los Estados Unidos, ¿Dónde voy a vivir? Tengo que encontrar una casa grande porque yo no vine aquí a pasar trabajo (en mi país yo vivía súper bien).

¿Será que compro una casa? Creo que sí, eso es lo mejor.

Y si la compro quiero que sea grande, no importa lo que cueste traje bastante dinero, yo puedo (¡Qué van a decir los de mi país, que vine a Estados Unidos a vivir como pobre!) No señor, esa no es mi intención, tengo que demostrar que estaban equivocados, aquí se vive bien y no importa si me gasto todo en lujos, lo bueno es que ellos sepan que soy exitoso(a), eso es lo más importante y que mi familia viva bien porque yo me encargaré de todo. Total, vivo en los Estados Unidos De América donde todo es posible.

> **- Estos son los pensamientos que debes borrar una vez que entras al país.**

> **- Tengo que comprar una casa Grande**

> **- El primer error de todos: "Comprar".**

Lo que debes hacer es alquilar un cómodo sitio donde pueda vivir tu familia, es decir, tu esposa e hijos. Es el deber ser, más adelante te explico por qué.

No puedes vivir en el país pensando en lo que van a decir en el tuyo, tu eres un **inmigrante** y esa palabra quiere decir según el diccionario: "Se aplica a la persona que ha abandonado su zona de origen para instalarse en otra".

Ósea su zona de origen; tu País, para instalarse en otro; comenzar de cero (este es el momento de rectificar, tienes la oportunidad comenzar de cero para corregir y vivir mejor).

No te recomiendo comprar una Casa Grande con 5 cuartos, 6 baños que cueste cientos y miles de $.

Te hago esta pregunta, ¿Sabes lo que implica comprar una casa en este país cuando apenas estás llegando?

Tienes que:

Pagar los impuestos correspondientes (el costo depende del tamaño de la propiedad y la zona donde la compraste). Debes mantener todo en perfecto estado porque de lo contrario pierdes dinero.

Debes pagar un seguro completo, dependiendo de la zona, esto varía: Huracanes, Terremotos, Incendio, Inundación etc. En efecto, lo peor cada vez que se rompe algo o se daña, debes pagarlo tú.

No quiero que pienses que no puedes o no debes comprar una casa. Por supuesto que puedes, si tienes las condiciones para ello, solo que debes estar seguro(a) primero de dónde vives ahora, conocer mejor la forma de vida en el país, adaptarte a todas las infinidades de leyes que hay que cumplir y una vez que logres comprender todo esto, COMPRA TU CASA, pero no antes.

Te voy a colocar mi ejemplo:

Cuando llegue a este hermoso país (Digo hermoso ahora porque después de vivir en él todos estos años, y de haber fallado infinidades de veces y perdido cantidades enormes de dinero, y luego de haberlo comprendido todo y de conocer donde vivo, por fin puedo decir HERMOSO PAÍS) porque de verdad lo es, siempre y cuando hagas las cosas correctamente.

Continuo con mi ejemplo, lo primero que hice fue comprarme una hermosa casa blanca 6 habitaciones, 7 baños una piscina infinita, enorme y hermosa que se perdía la vista hacia el mar un sueño hecho realidad; yo estaba en un mundo paralelo "Mi Nuevo Mundo".

Pues bien, este mundo me costó muchísimo dinero más del que imaginas.

 (En Esa Casa Viví 6 Meses)

El primer mes de vivir en mi paraíso de sueños fue increíble, inolvidable y casi perfecto, estaba viviendo en la casa que siempre soñé y nada podía detenerme, hasta que exactamente al mes y un día reviso mi buzón de correo y habían más o menos 25 correspondencias las cuales 3 eran folletos de turismo y sitios donde visitar. Por lo menos, 10 eran cupones y folletos de publicidad con la palabra mágica en este país (CRÉDITO) Tarjetas de crédito, tiendas online y un sin fin de cosas bonitas (en ese momento), y también conseguí en mi buzón 12 cartas que tenían la palabra más Mágica en el País (BILL), aquí comenzó mi cuenta regresiva cuando conocí a BILL que quiere decir Facturas que pagar: Luz, Agua, Tv satelital, Internet, Teléfono móvil y la carta del banco amablemente recordando que debes realizar EL pago de tu gran casa y no puedes pasarte ni un día no hay excusas, usted compró su casa grande, debes pagar por ella.

Al pasar el tiempo se me fue de las manos los pagos y sobre todo el mortgage (la cuota del préstamo) era muy alto, no pude con eso y para no perderlo todo decidí venderla.

Por supuesto busqué un realtor y pasaron 6 meses. Al final logré venderla perdiendo más de la mitad de lo que había pagado, pero cumplí con BILL (mis pagos).

Ustedes se preguntarán ¿qué hiciste? Bueno, les voy a decir que hice y que les sugiero hacer a ustedes.

Conseguí un departamento modesto de 2 habitaciones, 1 baño y una linda vista a la realidad. Aquella que estaba por comenzar después de pasar por ese mal momento de tener que entregar la llave de tus sueños a otro soñador.

Mis días al principio en ese apartamento alquilado eran terribles, nada se asemejaba a mi vida, me pregunté miles de veces ¿qué pasó? ¿por qué perdí tanto dinero? Que tarde comprendí, que así no se comienza en Estados Unidos De América.

Pues bien, no todo fue malo en ese momento, al mes y un día fui a mi buzón de correo y habían 15 o más Cartas, por supuesto muy diferentes a las anteriores.

No había tantas Ofertas para dar una Tarjeta de crédito, pero sí cupones de descuentos y mi amigo BILL (que me seguía a todos lados) pero esta vez Bill era real, era lo que podía pagar no había el pago exorbitante del mortgage o el pago increíble de consumo eléctrico, y el pago de mi alquiler estaba adaptado a mis nuevas circunstancias. En ese momento me di cuenta de algo increíble.

Estados Unidos es un Gran Maestro, si así como lo leen, te enseña que las cosas hay que hacerlas bien desde el principio y no se hacen las cosas a media, te enseña que al aceptar un compromiso de pago no debes aceptarlo creyendo en pajaritos, debes aceptarlo con disciplina, honestidad y la verdad de tu situación. En realidad, no debes sentirte mal por ello, acéptalo y enfréntalo, solo así lograrás encontrar lo más preciado en este País "EL SUEÑO AMERICANO" que te diré al final del libro, cuál es el Sueño Americano para mí.

Continuemos...

CAPITULO 3
Hablar inglés y Conseguir Trabajo

APRENDER A HABLAR INGLÉS.

Esto es fundamental, si no lo hablas debes hacer lo imposible para lograr dominarlo casi a la perfección, el inglés es el idioma de este país, es una herramienta para beneficio propio, no te encierres a pensar "yo no necesito hablar inglés" "**para que si donde vivo estoy rodeado de personas que hablan mi idioma**", esta es una manera incorrecta de pensar.

¿Sabes cuántas cosas puedes lograr cuando dominas el inglés?, se abre un mundo de posibilidades, de hecho puedes encontrar un mejor empleo dominando el idioma.

En tu comunidad tiene que haber lugares donde ayudan a aprender el idioma por un bajo costo, debes averiguar bien a tu alrededor, donde quedan estos lugares y dedicar por lo menos 2 horas 3 veces a la semana, eso te ayudará mucho.

No debes sentir pena o vergüenza por no saber pronunciarlo, o porque no te entienden, eso es lo que tú crees, debes hablar lo más que puedas a medida que vas aprendiendo, no sientas pena, Nada ni nadie en este país ninguna persona puede señalar ni burlarse de ti, eso en este país está prohibido. Así que no te fijes en lo que los demás puedan decir, haz lo que debes hacer para solucionar tu problema.

BUSCAR TRABAJO.

En este país el trabajo **honra**, aquí no puedes pensar yo voy a buscar un trabajo de escritorio porque eso es lo que yo hacía en mi país, **ya no,** recuerda lo que te dije al principio del libro, eres un **inmigrante** un nuevo comienzo sin comparaciones, el principio de rectificar y proceder.

Conozco personas profesionales excelentes en sus carreras, que en los Estados Unidos tienen que hacer otras cosas, porque es lo que consiguieron, recuerda que si eres Doctor(a), Ingeniero(a) o graduado con honores en tu país, aquí eso no cuenta. Por supuesto, si quieres ejercer tu carrera en EEUU no hay problema, debes hacer tus trámites y prepararte para obtener tu licencia y poder ejercer tu profesión en Estados Unidos, pero no es fácil, es un proceso muy largo y muchos optan por abandonar y enfrentar su situación trabajando en lo que más se pueda.

En todo caso, infinidades de personas que abrieron los ojos a tiempo ya tienen hasta 2 trabajos, porque como te he dicho, hay que trabajar no hay de otra, lo bueno es que, si trabajas duro tu recompensa será poder cumplir con el amigo BILL y puedes seguir adelante, repito en este país el trabajo honra no deshonra, aquí es igual ser un Médico que ser un Camarero, es un trabajo y eso se respeta al 100 %.

CAPITULO 4
Equipar tu Casa y El Credit Scoring

Llegó la hora de mejorar el lugar donde vives, supongo que ya tienes trabajo y ya puedes comprar tus muebles, etc. No vayas a la ligera, piensa bien lo que vas a comprar y sobre todo solo compra lo necesario, hay muchas ofertas en el mercado.

A continuación, te dejo una lista de las fechas de ofertas:

Enero 1 – Año Nuevo
Enero 18 – Martin Luther King, Jr.
Febrero 15 – Cumpleaños Washington
Mayo 30 – Día de los Caídos o "Memorial Day"
Julio 4 – Día de la Independencia
Septiembre 5 – Día del Trabajo
Octubre 10 – Día de la Raza o "Columbus Day"
Noviembre 11 – Día de los Veteranos
Noviembre 24 – Día de Acción de Gracias
Diciembre 26 – Navidad

Adicionalmente y entre las fechas más significativas están las siguientes:

El "Black Friday" o Viernes Negro, es una celebración estadounidense que se ha ido extendiendo por el mundo. Su celebración ocurre justo al día siguiente de la fiesta de Acción de Gracias, que se celebra siempre el cuarto jueves de cada noviembre.

"Cyber Monday" correspondiente al lunes siguiente del Día de Acción de Gracias en los Estados Unidos (cuarto jueves del mes de noviembre), y que se realiza tras el «viernes negro» (el black friday, día siguiente de Acción de Gracias), creado por las empresas para persuadir a la gente a comprar por internet.

En estas dos fechas, encontrarás un sin fin de buenas ofertas, increíbles precios, por supuesto después de estar horas y horas parado en una fila que a veces dura más de 30 horas (Todo tiene su sacrificio).

EL CRÉDITO Y LOS PUNTOS (CREDIT SCORING)

Este sistema permite comprar a crédito, es sencillo, si no tienes un buen puntaje de crédito todo se te complica. Si vas a comprar un auto, casa, bote, etc. Para todo lo que pidas a crédito debes tener un buen credit scoring.

No solamente para comprar es importante tu credit scoring también para los servicios: Electricidad, Satélite, Telefonía, si no tienes un buen credit scoring debes dar un **depósito** para poder obtener estos servicios.

Hasta para hacer un negocio necesitas tener un buen credit scoring, porque si tienes buenos puntos esto demuestra que eres responsable. Te doy un ejemplo, si vas a reunirte con un inversionista o un socio porque quieres incursionar en alguna empresa se te va a dificultar porque la mayoría de las personas chequean el crédito para poder dar un Sí o No en su decisión.

Nadie sabe exactamente cuál es el rango de los puntajes de crédito. Pero se dice que está entre 300 y 850 (Por lo menos para FICO). Pocas personas tienen menos de 500 y es muy raro encontrar uno mayor de 800.

El puntaje de 800 a 850+ es un crédito más que excelente. Acompañado con años de historia es lo ideal para obtener siempre los intereses más bajos posibles en cualquier deuda. Puede significar cientos de dólares en ahorros al mes para sus compras.

El puntaje de 720 a 799 es un crédito excelente. Usualmente van a darle las tasas de interés que le dan a la gente de puntajes de más 800.

Un puntaje de 680 a 719 es un crédito bueno. Aunque no es perfecto va a calificar para la mayoría de préstamos. Su interés va a ser un poco más alto que el de la gente de crédito excelente pero aún así va a calificar para casi todo.

El puntaje de 580 a 619 es un crédito OK o regular. Va a tener problemas aplicando a algunos créditos. Sus tasas de interés van a ser más altas de la gente con crédito bueno y todo se vuelve más caro. Si tiene este puntaje es considerado "Sub-Prime".

Un puntaje 500 a 579 es un crédito malo. Probablemente tiene collections, foreclosure, le remataron la casa o estuvo en bancarrota. La mayoría de los prestamistas niegan crédito a estos puntajes, además de cobrarle los intereses más altos le pueden pedir pagos o depósitos de seguridad para darle servicios. Si necesita comprar casa y tiene este puntaje su única opción es una hipoteca FHA.

Los puntajes menores de 500 son lo peor de lo peor. Si está en este rango necesita ayuda profesional si desea tener una vida financiera cómoda en el futuro.

Las 5 piezas de su puntuación de crédito

Su puntuación de crédito se basa en los siguientes cinco factores:

- El historial de pagos representa el 35% de su puntuación. Esto muestra si realiza los pagos puntualmente, con qué frecuencia omite pagos, cuántos días después de la fecha de vencimiento paga sus cuentas y cuándo fue la última vez que se omitieron pagos. Cuanto más elevada sea la proporción de pagos puntuales, mayor será su puntuación. Cada vez que omite un pago, se arriesga a perder puntos.

• La cantidad que adeuda en préstamos y tarjetas de crédito constituye el 30% de la puntuación. Esto se basa en el monto total que adeuda, la cantidad y los tipos de cuentas que tiene, y la proporción de dinero adeudado en comparación con la cantidad de crédito disponible. Los saldos altos y las tarjetas de crédito al límite disminuirán su puntuación de crédito, pero los saldos más bajos pueden aumentarla, si paga puntualmente. Los nuevos préstamos con un historial de pagos breve pueden bajar la puntuación temporalmente, pero los préstamos que están más cerca de la liquidación pueden subirla porque muestran un historial de pagos exitoso.

• La antigüedad de su historial de crédito representa el 15% de la puntuación. Cuanto más antiguo sea el historial de pagos puntuales, más alta será su puntuación. Podría parecer acertado evitar solicitar crédito y tener deudas, pero en realidad esto puede perjudicar la puntuación si los prestamistas no tienen ningún historial de crédito para examinar.

• Los tipos de cuentas que tiene constituyen el 10% de su puntuación. Contar con una combinación de cuentas, incluidos préstamos a plazos, préstamos hipotecarios, tarjetas de crédito y tiendas minoristas, aumentarán la puntuación.

• La actividad de crédito reciente constituye el último 10%. Si ha abierto muchas cuentas últimamente o ha solicitado que se abran cuentas, esto sugiere un posible problema financiero y puede bajar su puntuación. Sin embargo, si ha tenido los mismos préstamos o tarjetas de crédito durante un período prolongado y los paga puntualmente — incluso después de tener problemas de pago — su puntuación aumentará con el transcurso del tiempo.

Acá te explico de manera técnica como funciona esto del crédito y sus puntuaciones.

Ahora lo voy a explicar basado en mi experiencia.

Cuando llegue a este país mi puntuación de crédito era de 790 a 800 excelente, pero sin historial de crédito, ya te lo explico.

Una vez que comienzas a trabajar tus cuentas, tarjetas de crédito, etc., todo eso te va sumando y estabilizando tu credit scoring así se llama, mientras más deudas tengas menor serán los puntos en el credit scoring. Así mismo, los bancos al ver semejante reporte y mis cuentas bancarias excelentes me enviaban las tarjetas de crédito y yo por supuesto las aceptaba, esto está mal, no es recomendable aceptar muchas tarjetas de crédito porque como su nombre lo dice esto genera crédito, ósea te baja los puntos, te recomiendo tener un mínimo de 2 y un máximo de 3 porque así será más fácil cumplir con los pagos y evitarás tener más deudas.

QUIERO QUE PRESTES MUCHA ATENCIÓN A ESTE AVISO.

Estimado(a) Cliente,

Sigue teniendo acceso REDUCIDO a sus servicios porque su cuenta tiene un saldo vencido. Es muy importante que haga este pago para reconectar sus servicios y evitar un reporte negativo a las agencias de crédito, lo cual podría ocurrir por desconectar sus servicios.

- He Resaltado la Palabra REDUCIDO, eso quiere decir que por no poder pagar el **servicio** no tienes acceso a él, también he resaltado el párrafo evitar un reporte negativo a las agencias de crédito, te quiero explicar esto.

Cuando adquieres tus servicios, Electricidad, Internet, Cable, Gas, etc., adquieres un compromiso importante debes estar al día con estos pagos, cuando cualquiera de estas compañías de servicios dice que reportarán

Negativo en las agencias de crédito están informando que, por no poder pagar tu deuda con ellos, sencillamente hacen un reporte de la mala experiencia de pago que experimentaron contigo. Esto perjudica enormemente tu credit scoring.

Mi Consejo para que no te pase como a mí, es contratar solo lo que necesites, me explico, yo contrate el servicio de internet el más rápido y el más costoso (**solo necesitaba un Internet para navegar y enviar mis mails**) entonces para qué necesitaba un Internet más veloz, si con un servicio básico podía funcionar, REFLEXIONA BIEN EN ESO, lo dejo de tarea.

Las operadoras de Cable tv satelital hay muchas, con ofertas y buenos servicios, de hecho en ocasiones no solo las más famosas las que brindan mejor servicio, dale oportunidad a otras ofertas y estudia bien que te conviene, ¡Ah, otra cosa! ¿para que colocar el paquete de 200 canales si solo vez 20 o menos?

En el servicio de telefonía móvil existen cientos de ofertas en las diferentes empresas de Celulares, toma tu tiempo para decidir cuál contratar, ya que esto es como un matrimonio, solo contrata lo que necesites, ¿para que contratar el plan súper que te da más megas para navegar?, si en tu casa tienes el Wi Fi que estás pagando, y además en este país donde vayas existe Wi-Fi, esto también lo dejo de tarea (Reflexiona).

CAPITULO 5
Comprar Un Auto

1. Busca ofertas en páginas web dedicadas a la venta de autos en Estados Unidos. Puede utilizar los diferentes filtros de selección y buscar allí, específicamente, en el Estado donde va a residir, la marca, el modelo, millas recorridas, etc.

2. Recuerda los precios pueden variar dependiendo de la ciudad donde se vaya a comprar el auto, el año del vehículo y las millas. Generalmente se puede conseguir mejores precios comprando autos en grandes ciudades que en pueblos pequeños; por lo que podría considerar comprar en un estado o ciudad cercana si el precio es mucho menor.

3. Busca en internet, en dealers de autos usados. Es muy probable que algunas publicaciones de autos usados en las páginas web lo lleven a visitar un dealer. Toma en cuenta que muchas veces los precios anunciados por internet pueden ser más baratos que en un concesionario o dealer pegado en el vidrio del vehículo; por eso, debe informar al personal que lo atienda de este hecho y tratar de que le vendan al precio publicado en internet.

4. Verifica si el carro ha estado involucrado en algún accidente y la gravedad del mismo. Para esto, pide el "carfax", que es un documento donde podrá tener toda la información necesaria sobre accidentes, daños por granizo, cantidad de dueños que ha tenido el auto, cuántas millas recorrió cada dueño, etc. Si por casualidad, el dueño del vehículo no le ofrece esta información, puede buscar en la página web de "Carfax" pagando aproximadamente $35 e imprimir la información.

5. Si está dentro de sus posibilidades económicas, procura comprar un auto que no tenga más de 5 años y que tenga menos de 50 mil millas, así tendrás algunas de las garantías de los fabricantes en vigencia. Si va a realizar la compra en un dealer, solicita algún paquete de garantía adicional, quizás recibas buenas ofertas.

6. Procura evaluar la condición mecánica del auto; busca un mecánico referido por algún conocido o familiar ubicado en los Estados Unidos que pueda prestar este servicio.

7. Antes de circular con el vehículo recién comprado, asegúrate tener los seguros mínimos requeridos por el estado para lo concerniente a responsabilidad civil contra terceros (personas) y contra la propiedad. En Estados Unidos la ley es severa, y si llegas a tener algún accidente sin el seguro mínimo requerido por la ley, podrías ser demandado.

8. Para verificar las leyes y regulaciones vigentes en el estado donde piensa residir y comprar el vehículo, puede visitar la siguiente página web: www.dmv.org.

¡Tengo un buen Crédito, me voy a comprar un auto bonito el más caro total no importa lo pago a crédito!

Pensar de esa Manera es un error.

Es difícil huir de la tentación de tener un auto caro y bonito que posea todos los extras, ya que existen una gran cantidad de modelos y diseños.

En los Estados Unidos Tener un auto no es un lujo, es una necesidad. Poseer un auto se convierte en un instrumento fundamental para tu vida en el país, por lo que debes escogerlo muy bien y de acuerdo a tus necesidades.

Yo soy amante de los autos, sin embargo, me han ocasionado grandes pérdidas de dinero.

Les comparto mi historia. Durante mi búsqueda, pude conseguir un concesionario o Car Dealer increíble, sus empleados eran buenas personas y no les importó si tenía o no buenos puntos de crédito. Allí me dijeron: escoge el que quieras, no hay problema, nosotros te financiamos cualquier auto, mientras tengas algo de **Down Payment (Inicial de Pago)**. Por supuesto, cuando te dicen eso te transformas en todo un Rockefeller y piensas que te están ayudando, pero no es así.

Caí en la tentación y escogí un hermoso auto Blanco, espacioso y exclusivo. Dije: este es mi auto y yo puedo tenerlo. Naturalmente, las personas del dealer nunca dijeron NO a nada, siempre fue Si, como no, pase adelante, tómese un cafecito, siéntese, yo le resuelvo todo, no se preocupe.

Entre tantos elogios y buenos tratos me senté a escuchar como ese Hermoso Auto iba a ser mío.

La persona del dealer realizó algunas preguntas: ¿De dónde viene? ¿Cuánto tiempo tiene en el país? No preguntó: ¿Qué hace? ¿Cuánto gana? Solamente me dijo: ¿cuánto dinero tiene para dar de Primer Pago o Down Payment? A lo que respondí la cantidad que me era posible abonar y le ofrecí el 35 % del valor del auto como Pago Inicial.

Acto seguido la persona del concesionario me dijo: mira hagamos algo, consígueme un poco más de dinero y te llevas esa hermosa joya. Yo accedí inmediatamente, sin importarme que en el banco lo que me quedaría en la cuenta era casi (0) $.

Sin embargo, la serpiente hizo su trabajo y me enamoró. Accedí a comprar el auto, firmé los documentos y ni revisé cuánto debía pagar mensualmente o a cuánto ascendía la deuda. No me importó nada, solo deseaba subir en ese flamante vehículo, salir a pasear y lucir tan espectacular Nave.

Cometí el mismo error como cuando compré la gran casa, no pensé con el bolsillo, sino que pensé con la vanidad, el orgullo y en el qué dirán cuando me vean en ese Auto. Todos se van a morir de envidia.

Obviamente, al pasar 4 meses tuve que llamar al concesionario y preguntarles si podía venderlo, porque ya no lo necesitaba. Lo que era una total Mentira, no podía pagar más cuotas tan altas; ellos me respondieron: Claro que sí, ven y aquí hablamos. Me dirigí al sitio nuevamente y por supuesto, no había café ni sonrisas, te miraban como otro que no pudo pagar sus cuotas y debía regresar su compra.

Revisaron el Auto por todos lados y estaba exactamente igual que cuando lo compre, solamente tenía 1500 millas de más. El empleado se me acercó y me dijo: Sabes que, te podemos ayudar para que salgas de este paquete (que irónico el paquete en el que me metió). Lo que podemos hacer es que lo dejas y me das 8.000 $ y listo. Ya no tendrías más dolores de cabeza, porque tu deuda con nosotros es mayor que el nuevo valor del Auto.

"Sí, están leyendo bien lo que escribí". Tuve que pagar 8.000 $ para que el concesionario donde compre el gran auto se quedara con él y yo no continuaría pagando tantas cuotas; sin contar la pérdida del 45 % del pago de abono como Down payment.

Acepté estos términos porque al final me iban a quitar el auto por no poder pagar. Quiero aclarar que en el momento de comprarlo yo estaba económicamente estable; nunca pensé que podía perder una negociación que ya había cerrado.

Ahora quiero decirles que todo lo que ocurrió, no fue culpa del concesionario ni de la astucia del vendedor. La culpa fue total y absolutamente mía, yo fui el que se comprometió a semejante locura pensando en pajaritos.

Me quede sin Auto y tenía que solucionarlo. No tener vehículo en este país es un gran problema. Me quedaba muy poco dinero y no tenía esperanzas de que mi compañía saliera adelante, y cada vez las cosas empeoraron. Un buen día me encontré un amigo y me pregunto: ¿qué te pasa? Estás como preocupado; le conté lo que me había pasado y me dijo: **"No te sientas mal, a mí me pasó lo mismo cuando llegue a este país"**, pero rectifique a tiempo. Mírame ahora, manejando mi auto para transporte, "Que te parece Aldo, yo que en nuestro país tenía chofer", pero sabes, ya eso lo olvidé, quién yo era quedó en el pasado, porque entendí que para vivir en este país, hay que olvidar lo que eras en el otro...

Esas palabras de mi amigo me impactaron y las estudié. **¡Ese es el error!** "no cambiar la manera de vivir en este país pensando como si todavía vivía en el mío". Ese día se abrió para mí un nuevo mundo y sentí un alivio al escuchar a este amigo que era una persona tan diferente. El aceptó que debía adaptarse al sistema americano y que no debía importarle lo que nadie dijera.

En esa conversación con mi amigo Diego él me explicó de un servicio de transporte con tu propio auto. No tenías que trabajar para otro ya que tú mismo eres tu jefe. Por supuesto, me sentí interesado y con mucha curiosidad inmediatamente averigüé todo por internet y conseguí varios servicios de este tipo; pero en realidad dos son los más fiables y más seguros.

Pues sí, en mi cabeza había un conflicto y pensaba: ¿por qué vas a hacer de taxi? ¡Estás loco, tú puedes hacer cosas mejores!, busca otra alternativa. Espere otro mes buscando que hacer, hasta que un día deje de dormir por tanta presión y tristeza que sentía al verme en esa situación teniendo un camino, «el que mi amigo me había dicho».

Me fui a un concesionario y me compre un Auto usado en buenas condiciones y con pocas millas. No deje que el vendedor me convenciera de que debía comprar otro, más caro y más bonito. Ya había pagado muy caro ese error y le dije: ¡disculpe amigo, pero el que quiero y necesito es este autito modesto y cómodo!

Pagué el auto con lo que me quedaba en el banco y en ese momento, si quedé prácticamente con nada. Solo 350 $ aparecían en el balance, cuando antes tenía 6 cifras en mis Estados de cuentas.

 Me sentía muy tranquilo, ya tenía mi auto y lo primero que hice fue irme a casa a investigar el consejo de mi amigo. La empresa se llamaba UBER e inmediatamente al llegar a casa me metí en su página web y lo primero que vi fueron estas palabras: Conduce con Uber, Gana dinero y decide tu horario. Estas palabras fueron mágicas para mí, porque si yo podía decidir mi horario tal vez tendría la oportunidad de tener otro trabajo y de esta manera ir avanzando.

Así mismo, ya tenía Auto y trabajo, cuando antes de reunirme con mi amigo solo tenía problemas. Comencé a hacer Uber y no me arrepiento. Pude comer, dormir tranquilo y hasta salir a cenar una que otra vez.

Comenzaba a sentirme como un no Inmigrante; ya me sentía que vivía en el país para siempre.

Agradezco mucho a Diego, mi amigo y a Uber por haberme ayudado a continuar con mi vida en los Estados Unidos de América.

CAPITULO 6

Vecindario

RELACIONARTE CON EL VECINDARIO.

Una vez estabilizado económicamente, (esto quiere decir que podía comer todos los días, pagar mis cuentas y sentirme tranquilo), quise visitar algún que otro vecino. Así que me fui a un mercado a comprar unas galletas, las empaqueté y me fui de puerta en puerta para presentarme y conocerlos. Algunos muy agradecidos recibieron mis galletas con alegría, otros le dieron poca importancia, sin embargo, logré que desde ese día por lo menos me dijeran Good Morning en las mañanas.

Lo mejor que puedes tener en este **país** es un buen **vecino**. Es vital, ya que como te he mencionado anteriormente, este país te puede comer vivo por la soledad que sientes.

Consejos en Base a mis errores.

¿Recuerdas este **párrafo** que escribí al principio?:

"Lo que debes hacer es alquilar un cómodo sitio donde pueda vivir tu familia, es decir, tu esposa e hijos. Es el deber ser, más adelante te explico por qué."

Bueno es hora de explicarte porque dije tu Familia eres, tu **Esposa(o) o Pareja, Hijos.**

Cuando ya estas estable y pasaste por todo lo que escribí en el libro (deseo que no te suceda todo lo que yo he pasado), al tiempo, siempre te llama un primo o un amigo de tu primo, o tu mejor amigo, o tu hermano, sobrino, tío etc. Y te hacen esta pregunta: Hola, ya veo que estás muy bien, mira voy para allá:

¿Me puedo quedar en tu casa?

Esto es importante reflexionar, si esa persona es turista y se va a quedar en el país unos días (para mí unos días son 3 nada más) no hay problema, pero si esa persona pretende venir e instalarse en tu hogar indefinidamente no te lo recomiendo. Esto va a desequilibrar todo lo que has formado. Sí, como lo lees, me costó mucho tiempo entenderlo y aceptarlo, pero es la verdad, esa persona que viene con intenciones de emigrar como lo hicimos tú y yo debe pasar por el mismo proceso. Por supuesto, puedes darle una mano y ayudarle, pero no te recomiendo decir: si vienes te quedas en mí casa el tiempo que quieras, esto es un error. Lo mejor que puedes hacer para esa persona es regalarle uno de mis libros. De esa manera comprenderán que aquí no se viene a pasear, aquí se viene a luchar por tener una mejor calidad de vida, quiero aclarar que escribo este libro para personas con estado legal en el país, no pretendo dar consejos del tema de imigración para el ingreso a los Estados Unidos. EEsto es sólo una guía de como se puede vivir en los Estados Unidos.

CAPITULO 7
Leyes del Tránsito

Esta parte de la historia es importante: las Leyes de Manejo. Cuando sacas tu licencia de conducir (Id) presentaste un examen. Cuando te otorgaron tu identificación y tu permiso de conducir es porque aprobaste el examen, tanto teórico como práctico. Entonces lo que queda por hacer es cumplir con lo que aprendiste (Respetar Las Leyes)

 **1. LÍMITE DE VELOCIDAD**

Una de las faltas más comunes está relacionada con la velocidad. Si bien los límites en Estados Unidos pueden variar de un estado a otro, las penas por infringir los límites de velocidad son severos (pueden llegar desde multas, hasta la suspensión de tu licencia de conducir). Te recomiendo que busques en tu ciudad cuáles son los límites de velocidad, ya que varían según las leyes.

La velocidad en Estados Unidos se mide en millas por hora (mph), lo que equivale a 1,6093 Km/h. El límite de velocidad dentro de una ciudad en Estados Unidos es en general de 25 Mph, lo que equivale a unos 40 km/h. Aunque esto va a depender si es una calle con un sentido, una calle dentro de un barrio o una calle con dos o más pistas por sentido. Por lo general, en esta última la velocidad es de unas 35 mph o 60 km/h. en nuestro sistema de medición.

Mucha gente dice: ¡Ah, no importa! allí dice 50 Millas, puedo ir a 58 o 60. Pues no, eso es un error, si dice 50 millas usted debe ir a esa velocidad porque se lo está diciendo el aviso. Es simple, el aviso no dice: "La velocidad es de 50 Millas, pero no importa, puedes ir a 58 o 60". No tienes idea de lo incómodo que es cuando un policía te detiene en plena vía para colocarte una multa o simplemente darte un warning dependiendo el caso.

Así que te aconsejo respetar esta ley al pie de la letra.

 2. LA SEÑAL DE STOP

Es una de las más importantes. Esta señal indica que debes parar totalmente el vehículo. No es solo frenar, es detener el auto por completo, ver hacia ambos sentidos por más o menos 3 o 4 segundos y luego continuar si el paso te corresponde.

 3. VUELTA EN U NO PERMITIDA

Una señal que tenga una línea roja transversal tachando una imagen dentro de un círculo rojo, siempre indica "NO". La imagen dentro del círculo muestra lo que no se puede hacer. La señal puede o no tener palabras escritas.

 4. VUELTA EN U PERMITIDA

Una media vuelta permitida (en U) es hacer una vuelta de 180 grados con el vehículo para regresar por el camino por donde se venía. Para dar media vuelta, ponga la luz direccional y use el carril a la extrema izquierda.

Puede dar una media vuelta permitida (en U):

• Cruzando una línea doble amarilla cuando sea permitido y seguro hacerlo.

• En una zona residencial.

• Si no se aproximan vehículos a 200 pies de distancia.

• Cuando un semáforo, luz o señal le indique su turno y lo ampare los vehículos que se aproximen.

• En una intersección con semáforo en luz verde o flecha verde, excepto cuando lo prohíba una señal de "No U-Turn" (prohibido dar media vuelta).

• En una carretera dividida, solo si hay una apertura en la sección divisoria.

Puedes encontrar más **Información** en esta **Web** page: **http://www.dmv. org/**

5. DUI (DRIVING UNDER INFLUENCE DUI)

Le voy a dedicar un poco de tiempo a este importante **Tema**, ya que esto puede cambiar o destruir tu vida en este país.

Conducir bajo la influencia del alcohol u otras sustancias tóxicas constituye un delito en todos los estados. Ya sea que el delito se denomine: "conducir intoxicado" (Driving While Intoxicated, DWI), "conducir bajo la influencia" (Driving Under Influence DUI) o incluso "operar un vehículo de motor intoxicado" (Operating a Motor Vehicle Impaired, OMVI). Los conceptos básicos de una infracción por encontrarse en estado de ebriedad son prácticamente los mismos en todo el país. Esta sección brinda una síntesis general de las infracciones por conducir en estado de ebriedad, lo que incluye: resúmenes concisos de diversos temas de DUI, y una comparación de dos casos de infracción por conducir en estado de ebriedad desde el arresto hasta la sentencia. También incluye un artículo sobre los elementos de un caso de infracción por conducir en estado de ebriedad y sobre cómo los oficiales de policía recolectan pruebas que se usan de base para los cargos por DUI.

El alcohol no es la única droga que puede intoxicar a los conductores. Si las facultades del conductor se ven disminuidas por cualquier tipo de sustancia, ya sean narcóticos o medicamentos recetados, podría producirse un arresto por DUI.

Esto es muy grave en el **país**, por lo que debes prestar mucha atención a este delito.

Te voy a contar la historia de un amigo llamado Alex. Este joven vino a los Estados Unidos y solicitó su residencia americana. Ya tenía su cambio de status y todo lo concerniente en forma legal, hasta que un mal día decidió ir a celebrar con unos amigos y fue en su propio vehículo a tomarse unos tragos.

Por supuesto, estos tragos se convirtieron en la mayor pesadilla para este amigo. Al salir del sitio donde estaban todos bebiendo, un oficial de la policía los detuvo e inmediatamente se percató del estado de ebriedad en que andaba el conductor (Alex). Y así comenzó su pesadilla.

Después de estar detenido por más de 2 horas en el sitio, y luego de realizarle preguntas y pruebas para medir su nivel de alcohol, fue arrestado por 24 horas por ser su primera vez.

Pero aquí no acaba el asunto. Alex ya se encontraba en la lista de la gran cantidad de personas que cometen esta grave falta.

Abogados, Corte, presentaciones periódicas ante la ley, estas son algunas de las molestias que vas a sentir si llegas a tener un DUI. Es más sencillo evitarlas y más adelante te explicaré como hacerlo.

Esta situación afectó enormemente a mi amigo. Luego de cumplir por más de 6 meses sus presentaciones y juicios no le quedaron más ganas de manejar en estado de ebriedad. Para no pasar por este mal rato, les recomiendo que eviten por todos los medios cometer este tipo de delito.

¿CÓMO SALVARSE DE UN DUI?

La manera más fácil de no tener un DUI es sencillamente no **Manejar** bajo la influencia del alcohol, no hay otra forma.

Tips para poder disfrutar sin tener problemas legales.

Si vas a salir a divertirte tienes varias opciones:

a) Dile a un amigo que te acompañe y que no consuma bebidas alcohólicas o cualquier otra sustancia que te pueda perjudicar.

b) Recuerda que hay un servicio, el cual yo trabajé por mucho tiempo, llamado UBER. Siempre están cerca y los puedes solicitar a través de su aplicación.

c) Toma un taxi si no quieres usar el servicio de Uber.

d) Si por casualidad fuiste conduciendo tu auto y te embriagaste, sencillamente déjalo allí y al día siguiente puedes buscarlo.

Así de simple puedes evitar un DUI.

¿QUÉ DEBES HACER EN CASO DE QUE LA POLICÍA TE DETENGA EN LA VÍA?

Sí, debo explicarte esto, ya que cuando yo llegué nadie me dijo cuál es el procedimiento y no sabes lo difícil que fue la primera vez que un oficial de policía me detuvo.

Yo iba a 8 millas por encima del **límite** de velocidad y de repente sucedió, detrás de mí venía el flamante **auto** de la **policía** con sus increíbles luces.

Al observar que detrás tienes un auto de la policía y te da el aviso de parar y no te rebasa, debes buscar donde detenerte sin obstruir el tránsito.

Debes permanecer inmóvil frente al volante, bajar el vidrio y colocar tus manos que sean visibles al oficial de **policía.** Yo esto no lo sabía, porque nadie me lo había explicado. Yo hice todo lo contrario, me puse nervioso y ni siquiera sabía la razón. Trate de abrir la puerta, cuando del otro lado del vehículo ya tenía otro oficial apuntándome con su **arma.** Fue aterrador ese momento, sin embargo mi reacción fue quedarme tranquilo y el oficial me saludo y me pregunto porque quería salir del auto, yo le dije: para poder hablar con usted. Enseguida me preguntó ¿usted es turista? Le respondí: ¡no ya no!; ¡yo vivo en este **país**! El oficial por supuesto me miró y me pidió mi **Id** y documentos del vehículo, se los entregué y me dijo: por favor espere aquí, no se mueva. El oficial se retiró hacia su vehículo y pasaron más o menos unos 5 minutos, regresó y me dijo estas palabras: ¿usted sabe por qué lo detuve? Yo inmediatamente le dije: oficial disculpe, pero en realidad no lo sé, él insistió y me preguntó: ¿a qué velocidad usted venía? y yo doy gracias que dije la verdad: oficial ¡Venía a 58 millas más o menos! Él me respondió, "Usted sabe que este es un vecindario con límite de velocidad de 50 millas, allí no dice 58 millas". En ese momento comprendí que la mejor manera de vivir en este **país** era hacer las cosas correctamente, así funciona el sistema, te presiona y te lleva a comprender que no hay otra manera, sino sólo respetar las **leyes**. El **Oficial** gentilmente me explicó todo y me puso un Warning (Aviso y no un ticket). No me puso una multa, ya que mi historial era impecable y eso ayuda enormemente. En resumen, en este **país** las mentiras se detectan, es mejor decir la verdad y de esa manera las cosas salen mejor.

SILLAS DE AUTO PARA LOS NIÑOS

Se ha comprobado que las sillas de seguridad para niños salvan sus vidas en los accidentes.

En los Estados Unidos, todos los estados exigen que los niños vayan asegurados en una silla para vehículos o silla elevadora hasta que cumplan con ciertos requisitos de altura o peso. Estos varían según el estado. La mayoría de los niños crecen lo suficiente para usar un cinturón de seguridad regular cuando tienen entre 8 y 12 años de edad.

Para mantener a su hijo a salvo, tenga en cuenta estos consejos al utilizar una silla de seguridad para vehículos:

• Cuando el niño nace, se debe tener una silla de seguridad para llevar al bebé del hospital a la casa.

• Asegure siempre a su hijo en una silla de seguridad cada vez que viaje en un vehículo. Cerciórese de que el arnés esté asegurado firmemente.

• Lea las instrucciones del fabricante de la silla de seguridad para vehículos para así conocer la forma correcta de usarla. Lea también el manual para el propietario del vehículo.

• Las sillas de seguridad y las sillas elevadoras deben utilizarse siempre en el asiento trasero de un vehículo. Si no hay asiento trasero, la silla de seguridad se puede fijar en el asiento delantero del pasajero. Esto SOLO se puede hacer cuando no existe una bolsa de aire lateral o frontal, o cuando se haya desconectado.

• Aún después de que los niños tengan la altura adecuada para usar un cinturón de seguridad, viajar en el asiento trasero es lo más seguro.

Cuando esté eligiendo una silla de seguridad para niños por primera vez:

• La silla debe ajustarse a la talla del niño y debe instalarse apropiadamente en su vehículo.

• Lo mejor es usar una silla de seguridad nueva. Las sillas para vehículo usadas a menudo no tienen instrucciones. Pueden tener fisuras u otros problemas que las hacen inseguras. Por ejemplo, la silla puede haber resultado dañada durante un accidente automovilístico.

• Pruebe la silla antes de comprarla. Instálala en su vehículo. Coloque a su hijo en la silla. Asegure el arnés y la hebilla. Verifique que la silla se ajuste a su vehículo y a su niño.

• NO use una silla de seguridad después de su fecha de vencimiento. Es posible que su estructura ya no sea lo suficientemente fuerte como para brindarle soporte a su hijo con seguridad. Generalmente la fecha de vencimiento está en la parte inferior de la silla.

• NO use una silla que haya sido retirada del mercado. Llene y envíe la tarjeta de registro que viene con la silla nueva de seguridad. El fabricante podrá ponerse en contacto con usted si la silla se retira del mercado. Usted puede averiguar sobre los retiros del mercado poniéndose en contacto con el fabricante, o buscando registros de quejas, en la sección seguridad, sobre la silla que ha adquirido en: **www.safercar.gov/parents/CarSeats/Car-Seat-Safety.htm.**

Los tipos de sillas de seguridad y las restricciones incluyen:

• Sillas de seguridad de cara hacia atrás.

• Sillas de seguridad de cara hacia adelante.

- Sillas elevadoras.
- Camas para automóviles.
- Sillas empotradas para automóviles.
- Chalecos para viajes.

SILLAS DE SEGURIDAD DE CARA HACIA ATRÁS

Una silla de seguridad de cara hacia atrás es en la que el niño queda mirando hacia la parte posterior del vehículo. Debe ser instalada en el asiento trasero. Los dos tipos de sillas de cara hacia atrás son: la silla sólo para bebés y la silla convertible.

Sillas de cara hacia atrás solo para bebés: estas sillas son para bebés que pesan de 22 a 30 libras (de 10 a 13.5 kilogramos). Usted necesitará una nueva silla cuando su hijo crezca. La mayoría de los niños superan el tamaño para estas sillas cuando tienen entre 8 y 9 meses. Las sillas solo para bebés tienen manijas para que usted pueda cargarlas hacia y desde el vehículo. Algunas tienen una base que se puede dejar instalada en el vehículo. Esto le permite colocar la silla de seguridad en su lugar cada vez que la utilice. Siga las instrucciones del fabricante sobre cómo se debe reclinar la silla para que la cabeza del bebé no se desplace de un lado a otro mientras usted está conduciendo.

Sillas convertibles: estas sillas se deben colocar en la posición de cara hacia atrás y son para bebés y/o niños pequeños. Cuando el niño sea mayor y más grande, la silla se podrá cambiar a la posición de cara hacia adelante. Los expertos recomiendan mantener al niño mirando hacia atrás por lo menos hasta la edad de 3 años y hasta que su hijo supere el peso o la estatura permitida por la silla.

SILLAS DE CARA HACIA ADELANTE

Una silla de cara hacia adelante se debe instalar en el asiento trasero de su vehículo, aunque le permite a su hijo mirar hacia adelante. Se utilizan solamente después de que el niño haya crecido demasiado como para usar una silla de cara hacia atrás.

También se puede usar una combinación de silla elevadora de cara hacia adelante. Para los niños pequeños, se deben utilizar las correas del arnés de la silla elevadora. Después de que su hijo alcance la estatura más alta y el límite de peso para el arnés (con base en las instrucciones de la silla), se pueden utilizar los cinturones de seguridad de la cintura y los hombros del propio vehículo para sujetar a su hijo.

SILLAS ELEVADORAS

Una silla elevadora levanta al niño de manera tal que los cinturones de seguridad de la cintura y los hombros del propio vehículo encajan correctamente. El cinturón de seguridad de la cintura debe pasar a lo largo de la parte superior de los muslos de su hijo. El cinturón del hombro debe atravesar la mitad del hombro y su pecho.

Use sillas elevadoras para niños más grandes hasta que tengan la altura suficiente para utilizar el cinturón de seguridad adecuadamente. El cinturón de seguridad de la cintura debe ajustarse a la parte superior de los muslos, y el cinturón de seguridad del hombro debe ajustarse y atravesar el hombro y el pecho, no el cuello o la cara. La pierna del niño debe ser lo suficientemente larga de manera que los pies puedan tocar el suelo. La mayoría de los niños pueden usar un cinturón de seguridad cuando tienen entre 8 y 12 años.

CAMAS PARA AUTOMÓVILES

Estas sillas también se denominan asientos planos para automóviles. Se utilizan para bebés prematuros o con necesidades especiales. La Academia Americana de Pediatría (American Academy of Pediatrics) recomienda solicitarle a un proveedor de atención médica que observe la forma en la que el bebé prematuro encaja y respira en una silla de seguridad para vehículos antes de salir del hospital.

SILLAS PARA AUTOMÓVILES EMPOTRADAS

Algunos vehículos tienen sillas empotradas. Los límites de peso y estatura varían. Usted puede obtener más detalles sobre este tipo de sillas leyendo el manual para el propietario del vehículo o llamando al fabricante.

CHALECOS PARA VIAJES

Los niños mayores que hayan superado la edad para usar sillas de seguridad de cara hacia adelante pueden utilizar chalecos especiales. Los chalecos se pueden utilizar en lugar de las sillas elevadoras. Se utilizan con los cinturones de seguridad de la cintura y del asiento del vehículo. Al igual que con las sillas de seguridad, los niños deben estar sentados en el asiento trasero cuando usan el chaleco.

CAPITULO 8
Oportunidades de Inversión

Te voy a hablar de las posibles oportunidades que se desarrollan muy bien en este país.

Es común las inversiones en los siguientes ámbitos:

a) Bienes Raíces.

b) Compra y venta de productos utilizando las diferentes herramientas que existen.

Vamos a referirnos a los bienes raíces.

Hay dos **maneras** de trabajar en este ramo:

a) Realtor (Agente de Bienes Raíces).

b) Como Inversionista.

Te explico lo de ser Realtor (Agente De Bienes Raíces).

Para poder trabajar en el ramo de vender propiedades en este país debes obtener una licencia (esto en el caso de que quieras ser **Agente** de **Bienes Raíces**)

Requisitos:

1. Diploma de bachillerato o pasar el examen de General Education Development (GED). Necesitarás estos certificados y ser mayor de 18 años para convertirte en un agente.

2. Evaluar los requerimientos para tu licencia. Los requerimientos,

leyes y reglas varían de acuerdo al estado. Debes **chequear** dependiendo del estado o (condado) en el que vives.

3. Consigue un certificado. Sin importar el estado en el que vives, deberás obtener una licencia con el fin de ejercer como un agente de bienes raíces. Completa los requerimientos educacionales, de trabajo y exámenes antes de aplicar a un certificado en tu estado.

- No necesitas ser residente de un estado para ejercer como agente de bienes raíces.

- Mantén tu licencia actualizada. Algunos estados requieren que completes más de 20 horas continuas de cursos académicos durante el periodo de licencia.

4. Consigue trabajo. Busca oportunidades en las compañías de **bienes raíces.** Necesitarás tener tarjetas de negocios, carteles, y carteles de venta por los que deberás pagar.

- Construye una base de clientes mientras te vas haciendo conocido. Construye referencias positivas haciendo un trabajo personal, confiable, profesional y honesto con cada cliente.

5. **Escoge el lugar de trabajo. Trabajar en bienes raíces puede ser un negocio lucrativo dependiendo del lugar dónde vives. Sigue esta lista para saber cuáles son las mejores ciudades:**

- Los Ángeles, CA

- Phoenix, AZ

- San Antonio, TX

- Orlando, FL

- Miami, FL

- Chicago, IL

- Las Vegas, NV

CONSEJOS

• Considera convertirte en miembro de la Asociación Nacional de Agentes de Bienes Raíces. Ser miembro otorga acceso a ciertos beneficios y herramientas que proveen libertad en la venta de bienes, descuentos en oportunidades académicas, protección financiera para tus servicios y descuentos en viajes.

• Los ingresos estarán basados en las comisiones por tus ventas, y puede tomar años formar una base de clientes sólida. Asegúrate de tener suficiente dinero para poder superar los primeros años de carrera.

INVERSIONISTA EN BIENES RAÍCES.

 Mi consejo es conseguir una persona de confianza que tenga licencia de bienes raíces para poder comprar o vender la propiedad que vayas a adquirir como inversión.

En mi caso, tengo un amigo con licencia y me invitó a invertir en una casa, la compramos a buen precio y realizamos algunas reparaciones, luego la vendimos obteniendo buenas ganancias. Esto es un buen negocio siempre y cuando como mencione la persona sea de confianza, debes ser precavido porque existen personas malintencionadas que solo desean estafar.

Revisa bien las ciudades que están creciendo, son los lugares más seguro para invertir.

• Otra opción para invertir, es comprar un terreno (lote) y construir la propiedad desde cero, de hecho dependiendo de tu credit Score hay infinidades de bancos que pueden facilitar un crédito.

Si escoges esta opción debes tomar en cuenta algunos factores importantes.

• Contratar una **empresa de general contractor,** debe ser responsable y seria, con una buena trayectoria (Es necesario, estar muy seguro(a) de esto).

Lee mi historia. Esta experiencia será útil para que comprendas esta opción.

Quería establecer un Estudio de Grabación Musical, en una zona muy exclusiva de la ciudad donde vivo, alquile un warehouse (Galpón) pagando un monto considerable mensual, sin conocer antes cuáles eran los primeros pasos a seguir para poder finalizar las modificaciones y construcciones para adaptarlo a las necesidades del negocio.

Por supuesto contaba "con un supuesto buen amigo General Contractor", pero esta persona malintencionada era simplemente un estafador y ya verás por qué.

En seguida este General Contractor elaboró un plan de trabajo basándose en el presupuesto que ya me había entregado. Así pues, para hacer unas reparaciones menores, agregar unas oficinas y paredes de drywall se tardó más de 5 meses y yo me encontraba pagando el alquiler del warehouse sin trabajar.

Esta persona terminó el trabajo en 6 meses sin percatarnos POR NO AVERIGUAR que en este país para todo lo que debas construir debes **pedir un permiso a la ciudad.** Ahora bien, yo estaba recién llegado y no sabía que ese trámite le correspondía a ellos, su deber era sacar los permisos, no obstante para ahorrar un dinero, no lo hicieron.

La ciudad estuvo en el warehouse para darnos el permiso de habitabilidad. Pero para nuestra sorpresa el General Contractor no saco los permisos y casi de inmediato la ciudad ordenó derrumbar lo que se había realizado con mi dinero.

Por tanto, perdí la cantidad de 150.000$. Así nada más, acá las leyes se cumplen, no hubo manera de arreglar la situación. Los inspectores fueron firmes en la decisión y dieron 3 días para ejecutar la demolición.

Ahora les hablaré de los permisos de Construcción y reparaciones (Códigos de la Ciudad).

¿Cuáles son los tipos de proyectos que requieren un permiso?

Existen diferentes proyectos que exigen permisos para construcción, fontanería/plomería, hacer cambios eléctricos o mecánicos, o que requieran una excepción especial del Comité de Zonificación para Cambios (Zoning Board of Adjustment, en inglés).

De igual manera, antes de planear dónde ubicarías el próximo proyecto, asegúrate que permitan hacer el trabajo en esa área. Cada propiedad residencial tiene un área alrededor del perímetro de la propiedad que tiene que funcionar como un área libre. Se requiere que esta área esté libre desde la tierra hasta el cielo, sin ninguna obstrucción y puede ser el jardín al lado, detrás o delante de la propiedad. El tamaño de las áreas libres depende de la clasificación de zona para la propiedad.

¿Dónde solicitar un permiso para construcción? Puedes solicitar un permiso para construcción en el county correspondiente a la ciudad. En el buscador puedes colocar: Permit y la ciudad donde vives.

Por lo general, los permisos los solicitan los general contractor, los cuales son agentes que tienen **licencia** correspondiente para construir, si construyes algo en tu propiedad con una persona sin **licencia**, quiere decir que por esa modificación o construcción no podrás obtener los permisos obligatorios. Por consiguiente, estas incurriendo en una ilegalidad que puede costar mucho dinero en multas.

Voy a explicar de forma más clara para qué son estos códigos de construcción y cómo funcionan las inspecciones.

La Ciudad o el Condado hace todo esto para protegerte, así como lo lees es una manera de proteger. Imagina que cada quien haga lo que quiera sin Códigos de construcción o inspecciones, ¿Quién garantiza que lo construyeron esta correcto? Sencillamente el Inspector garantiza que el trabajo esté a la perfección, de esa forma podrás dormir tranquila(o). No veas este requisito como algo incómodo, al contrario es por tu propia seguridad.

Igualmente, para que no te ocurra lo mismo que a mí con "el gran amigo" que me estafo. Por favor, toma en cuenta lo que acabo de escribir.

Compra y venta de productos utilizando las diferentes herramientas que existen.

Como sabrán Estados Unidos es un país de consumo masivo todo lo que llega se vende, hay un sin fin de personas esperando cada día por más. Por ello, estudié muy bien la oportunidad claro está utilizando las herramientas que existen en la Internet.

En vista que me fue muy bien como inversionista de Bienes Raíces decidí ir un poco más allá y convertirme en un importador de productos de consumo masivo: Juguetes, Cosméticos, Calzados, Ropa, Accesorios de Telefonía.

Para esto dedique mucho tiempo a investigar y siempre decía si los demás pueden por qué yo no.

No es muy fácil pero cuando lo dominas bien te va a encantar este tipo de negocios.

Investigué todos los aspectos de compra y venta en el país. Luego de investigar profundamente, decidí arriesgarme utilizando todas las herramientas que existen para esto. En especial, en china hay una Web Page que se encarga de proyectar todo lo que fabrica el país, para dar la oportunidad de importar estos productos y poder lucrarse de la venta, como dije yo utilicé 2 herramientas de ventas muy importantes a través de Internet.

En este país las ganancias no son muy altas, se trabajan las mismas a través del volumen de ventas, aquí no se venden solo 10 artículos se pueden llegar a vender millones. Aunque dependerá de la capacidad de compra y de poder pelear con la competencia dando mejores precios y hasta mejor producto. En Estados unidos no se premia al buen vendedor aquí se premia al Buen Comprador ya que todo se vende practicamente solo.

CAPITULO 9
Conoce a Tío Sam IRS

CONOCER A TÍO SAM (PAGAR LOS IMPUESTOS) (IRS)

Es el momento de conocer al tío Sam, no pienses que deje este tema de ultimo por no ser importante, todo lo contrario, quiero dedicar más tiempo para lograr que comprendas lo fundamental de cumplir con este deber.

Pagar Impuestos ¿yo?, eso no es conmigo, ¿Por qué debo pagar impuestos si no soy de este País?

Esto es un pensamiento muy común, aunque es un grave error pensar así, cuando tú decides vivir en este país debes aceptar sus leyes y condiciones, cumplirlas cabalmente. Aquí no hay dos de tres, existe una sola opción y es **respetar las leyes.**

Para evitar inconvenientes con el IRS, aconsejo que investigues bien respecto a todo y contrates a un Contador certificado, él tiene la obligación de apoyarte en todo esto.

Pagar los Impuestos en este país es muy importante y además es obligatorio, debes comprender que no hay manera de evitar esto, por cada centavo que obtengas de ganancia debes pagar. Toma en cuenta que Tío Sam es tu socio principal en este país.

Incluso si no eres un ciudadano estadounidense, si vives en los Estados Unidos o pasas una cantidad significativa de tiempo, tienes que pagar el impuesto sobre la renta de EE.UU.

EXTRANJERO RESIDENTE O NO RESIDENTE

El IRS (siglas en inglés para Servicio de Impuestos Internos) usa dos pruebas, la prueba de la tarjeta verde y la prueba de presencia sustancial para evaluar tu estado de extranjero. Si cumples con los requisitos de alguno, te consideran un extranjero residente para efectos fiscales, de lo contrario, te tratan como un extranjero no residente.

Eres un extranjero con una tarjeta de residencia, cuando el Servicio de Inmigración y Ciudadanía de los Estados Unidos permite residir legalmente en el país. Sin embargo, si no tienes una tarjeta de residencia y pasas al menos 31 días en los EE.UU. durante el año fiscal en curso y un total de 183 días, durante los tres últimos años fiscales (incluido el año fiscal en curso), lo más probable es que apruebes el requisito de presencia física y también te traten como un extranjero residente.

CONTANDO 183 DÍAS

Al contar el número de días que estás presente en los EE.UU. durante el período de tres años, no tienes que incluir cada día. En su lugar, cuenta sólo una fracción de los días en dos de los tres años. Por ejemplo, estás tratando de averiguar tu estado para el año fiscal 2016, ya que viviste en los EE.UU. por 60 días. Cuenta los 60 días para 2016, un tercio de los días en el 2015 y una sexta parte de los días en el 2014. Por lo tanto, si estuvieras en los EE.UU. durante 120 días en 2015 y 180 días en 2014, sólo incluye 40 días para 2015 y 30 días en 2014, con el total para el período de tres años, siendo 130 días. En este escenario, se paga impuesto a los ingresos como un extranjero no residente.

Además, no se tienen en cuenta los días en que están presentes físicamente en los EE.UU. bajo las siguientes circunstancias:

- Días que te desplazas para trabajar en los Estados Unidos a partir de una residencia en Canadá o México, si regularmente viajas desde Canadá o México.

- Días que estás en los Estados Unidos por menos de 24 horas cuando estás en tránsito entre dos lugares fuera de los Estados Unidos.

- Días que estás en los Estados Unidos como un miembro de la tripulación de un buque extranjero.

- Días que no puedes salir de los Estados Unidos debido a una condición médica que surgió durante tu estadía.

- Días que eres un "individuo exento".

Un "individuo exento" para los propósitos de este ensayo se refiere a las siguientes personas:

- Un individuo temporalmente presente en los Estados Unidos como un individuo de un gobierno extranjero en virtud de una visa "A" o "G".

- Un maestro o aprendiz temporalmente en los Estados Unidos bajo una visa "J" o "Q", que cumple sustancialmente con los requisitos de la visa.

- Un estudiante temporalmente en los Estados Unidos bajo una visa "F", "J", "M" o "Q", que cumple sustancialmente con los requisitos de la visa.

- Un atleta profesional temporalmente en los Estados Unidos para competir en un evento deportivo de caridad.

IMPUESTOS A LOS RESIDENTES EXTRANJEROS

Como residente legal de EE.UU., estás sujeto a las normas fiscales de los ciudadanos estadounidenses. Esto significa que tienes que reportar todos los ingresos que ganas en las declaraciones de impuestos anuales, con independencia del país en el que lo ganas. Al preparar tu declaración, siempre puedes utilizar el 1040, o si eres elegible, el 1040A o el 1040EZ.

IMPUESTOS A LOS NO RESIDENTES

Un no residente también debe pagar impuestos a los ingresos al IRS, pero sólo en el ingreso que está vinculado efectivamente a los EE.UU., que generalmente incluye el dinero que gana, mientras está en los EE.UU. Sin embargo, el IRS, no tiene autoridad para imponer impuestos sobre los ingresos que los no residentes ganan en sus países de origen o en cualquier país extranjero para este caso. Al preparar tu declaración de impuestos de los EE.UU., debes usar el Formulario 1040NR o uno más corto como el 1040NR-EZ, si eres elegible. Independientemente de la forma que utilices, sólo informarás de las cantidades que se consideran ingresos de fuente estadounidense. Al igual que los extranjeros residentes y ciudadanos estadounidenses, hay deducciones y créditos que puedes reclamar para reducir tu ingreso gravable.

DOBLE CONDICIÓN DE LOS CONTRIBUYENTES

En el año de transición entre ser un no residente y un residente para efectos fiscales, se considera en general un Contribuyente en Estado Dual. Un Contribuyente en Estado Dual presenta dos declaraciones de impuestos para el año, una declaración para la porción del año que fue considerado un no residente y otra por la porción del año considerado residente. En algunas situaciones, el contribuyente puede optar por ser tratado como residente durante todo el año de la transición para evitar tener que presentar dos declaraciones separadas.

(Todos estos Datos son cortesía de Turbotax para impuestos - 2016 - 2017) Toma en cuenta que esto cambia constantemente, es recomendable que hables con tu contador para obtener mejores detalles.

¿SABES QUIÉN FUE AL CAPONE?

Te voy a decir que paso con él, ya que estamos hablando de cumplir con el IRS.

Al Capone nació de padres inmigrantes italianos el 17 de enero de 1899 en Nueva York, donde pasó su infancia, adolescencia y comenzó su carrera criminal. Se mudó a Chicago en 1919. "Fue recompensado por su trabajo, y pronto se alzó a la prominencia en la escena del crimen." Luego se convirtió en uno de los gangsters más famosos de la historia de los Estados Unidos, y se recuerda por su papel en la notoria masacre del Día de San Valentín.

Su reputación como asesino a sangre fría y poderoso líder de la mafia creció hasta 1931, cuando fue arrestado por evasión de impuestos. El 7 de octubre de 1931, "Capone fue arrestado luego de un juicio, y el 24 de noviembre se lo sentenció a once años en la prisión federal, además de una multa de 50,000 dólares y 7,692 dólares por costos de corte, además de 215,000 dólares más intereses en impuestos atrasados."

Coloqué este interesante relato para demostrar lo importante que es pagar tus impuestos y comprender que en este país todo va por el canal de la ley, al Sr. Al Capone no pudieron arrestarlo por sus asesinatos, pero fue arrestado por Evasión de Impuestos.

CAPITULO 10

FBI y el 911

HABLEMOS DEL FBI (Buró Federal de Investigaciones) en Inglés (Federal Bureau of Investigation)

El FBI es una organización de seguridad nacional que responde a amenazas y que es regida por la recopilación e interpretación de información. Su misión es proteger y defender a los Estados Unidos contra amenazas terroristas y de inteligencia extranjera, defender y hacer cumplir las leyes del código penal de los Estados Unidos, y proporcionar liderazgo y servicios de justicia penal a agencias federales, estatales, municipales e internacionales, así como otros socios.

Antes de entrar en más detalles voy a mostrar algunos ejemplos del trabajo que ejerce este organismo.

1. Una mujer fue condenada por atormentar a su víctima vía Redes Sociales

El caso de una mujer de California que pasó meses siendo acosada en sus cuentas de redes sociales por un extraño a quien no conocía. El tormento constante no terminó hasta que la víctima acudió al FBI y autoridades locales.

2. El FBI alerta al público sobre Estafadores Románticos

El FBI investiga lo que se llama estafa romántica, donde criminales se aprovechan de personas vulnerables para poder sacar dinero.

3. El FBI lanza una Nueva Iniciativa contra la Trata de Personas con Fines de Explotación Laboral

Estos son algunos de los cientos de miles de casos que el FBI atiende día a día.

¿CUÁNDO PUEDES O DEBES CONTACTAR AL FBI?

Si tiene una emergencia que requiere la asistencia de agentes policiales, por favor llame al 911 o contacte a su Departamento de Policía o al Departamento del Sheriff primero.

El FBI es una agencia federal de investigación e inteligencia con jurisdicción en una gran parte de crímenes federales; asuntos de seguridad nacional tales como terrorismo y espionaje; crímenes de computadoras/ciber e intrusión; y actividades de inteligencia que se relacionan a esas misiones.

Por favor contacte a su oficina local del FBI o envíe una pista de forma electrónica si tiene información sobre:

- Posibles actos de terrorismo, incluyendo violencia, financiamiento o reclutamiento.

- Personas simpatizantes de terroristas u organizaciones terroristas.

- Actividades sospechosas que amenazan la seguridad nacional, especialmente que involucran potencias extranjeras u organizaciones extranjeras.

- Crímenes de computadoras o intrusiones en redes de computadoras, particularmente aquellos relacionados a la seguridad nacional.

- Actividades corruptas en gobiernos federales, estatales o locales o en agencias policiales.

- Crímenes de odio o raciales, tráfico de personas (servidumbre involuntaria o esclavitud), u otros crímenes de derechos civiles.

- Actividades de crimen organizado.

- Crímenes financieros que involucran fraude, especialmente

fraude corporativo, hipotecario, u otras conspiraciones de fraude de inversión donde han ocurrido grandes pérdidas de dólares, incluyendo aquellos que lo pueden impactan directamente o su lugar de trabajo.

• Fraude en la industria de atención médica.

• Personas que han cometido o están planeando en cometer un robo de banco, secuestro, extorsión, o robos de arte valiosa, grandes envíos interestatales de productos, o instrumentos monetarios; y actividades de pandillas violentas.

El 911 es el servicio de llamada de Emergencia (Cómo Funciona y cuándo Utilizarlo).

Para el uso correcto del servicio 911 debe tomar en cuenta las siguientes recomendaciones.

NO LLAME AL 911:

Para pedir direcciones, información acerca de temas relacionados con el control de animales. Conocer si alguna persona está en la cárcel, responder a situaciones que no son del tipo que resuelven la policía, los bomberos o los médicos. Reportar una situación médica que no es una emergencia. Contactar a alguien acerca de la información comunitaria. Para hacer bromas o insultar a los operadores o dar falsas alarmas.

También, es importante tener siempre a mano los números telefónicos de los organismos de socorro correspondientes para cualquier caso que requiera de su presencia.

Asimismo, en su teléfono móvil debe tener el nombre de los contactos e ir acompañado del parentesco que tienen, por ejemplo, María (Mi mamá), José (Mi papá), Rosa (Mi esposa), etc.

Esto en caso que sufriera un accidente, el personal médico que lo atiende sabrá con mayor precisión a quién llamar para informar lo que le ha sucedido y sobre su estado de salud.

Otra recomendación cuando realice una llamada de auxilio al servicio de emergencias, es tener en cuenta que el operador debe hacerle un número de preguntas para comprender la situación y saber dónde está sucediendo.

Algunas de las preguntas le pueden parecer innecesarias, pero son importantes para asegurarse cuál es la emergencia. Esto ayudará a asegurar que los bomberos, policía, ambulancia u otros lleguen al lugar correcto tan pronto como sea posible.

Por tanto, manténgase en la línea tanto como pueda para guiar al operador en darle la ayuda que necesita.

¿Cuándo llamar al 911? Para reportar algo que requiera que venga un oficial de la policía (como el que alguna persona sea atacada o alguien sea robado).

• Llamar una ambulancia para que ayude en una emergencia médica.

• Reportar un incendio.

• Reportar que está ocurriendo un crimen.

• Reportar actividad inusual o criminal (por ejemplo, alarmas, tiros de armas, gritos pidiendo ayuda, sonidos de vidrios rotos y personas no familiares que carguen objetos sacándolos de una casa).

Yo viví una incómoda experiencia con el 911.

Debía viajar a otra ciudad y le pedí a un primo que por favor se llevara mi auto a su casa al dejarme al aeropuerto ya que él vive cerca. Él se llevó el automóvil a su casa y yo por supuesto a mi destino Las Vegas, donde estuve 4 días. A mi regreso trate varias veces de contactar a mi Primo para decirle que me dirigía a recoger mi auto en su casa, ya que el vuelo llegó muy tarde en la noche, pero él no respondió mis llamadas, imaginé que estaba dormido porque eran las 2:00 am.

Como yo cargaba la copia de las llaves encendí mi auto y me fui a mi casa muy cansado.

MI SORPRESA: A la mañana siguiente tocaron la puerta y era nada más y nada menos que la policía, según habían llamado al 911 diciendo que mi vehículo había sido robado.

Por supuesto, no entendía absolutamente nada en ese momento hasta que hable con el oficial y me dijo que en la mañana de ese día alguien había llamado al 911 y reportó el auto como robado. En seguida reaccioné y pensé en mi primo y le di una llamada telefónica.

Yo: Hey Primo, ¿Cómo estás?

Primo: Saludos, que pena contigo tu auto fue robado anoche, pero no te preocupes yo llame al 911 todo se va a solucionar ¡qué pena!

Yo: Por supuesto que se va a solucionar, tengo la policía en mi casa, ya que yo recogí esta madrugada el auto y me vine a la casa.

Primo: No puede ser yo salí y cuando no lo vi, en seguida lo que se me ocurrió fue llamar al 911, por lo que veo fue mala idea he debido de contactarte primero a ti.

Esto no es un cuento porque me pasó de verdad.

Si ocurre algo como esto o parecido, por favor debes estar seguro(a) antes de llamar al 911 es muy importante que te asegures primero, ya que un llamado en falso o (Falsa Llamada) te trae consecuencias como le ocurrió a mi Primo

Si haces llamados falsos al 911 puedes incurrir en un delito que llevará desde una multa hasta la misma cárcel.

Recuerda estar bien seguro(a) antes de llamarlos.

El 911 está para apoyarte y solucionar tu emergencia, no los hagas perder el tiempo, ya que otra persona puede necesitarlos de vida o muerte.

CAPITULO 11
Sistema de Salud Medicare
Tipos de Seguros

Para evitar facturas médicas costosas, muchas personas en los Estados Unidos compran un seguro médico.

En los Estados Unidos, la atención médica no es gratuita, pero es obligatoria, y para obtener cobertura médica del gobierno (como Medicare, Medicaid y otros programas públicos), se debe cumplir con ciertos requisitos. De lo contrario, tendrás que asumir la totalidad de los gastos médicos y pagar una multa por no obtener un seguro de salud, o afiliarse a una compañía privada de seguros que ayude a pagar parte de esos gastos. ¡Recuerda! Así tengas un seguro médico, sea público o privado, no significa que todos los gastos estén cubiertos. Es posible tener que pagar parte de la atención médica.

¿QUÉ ES UN SEGURO MÉDICO Y POR QUÉ ES IMPORTANTE TENERLO?

A partir del 1° de enero de 2014, el seguro médico es obligatorio para la mayoría de las personas en los Estados Unidos. Si no adquiere seguro médico para usted y su familia durante el período de inscripción abierta, tendrá que pagar una multa cuando haga su declaración de impuestos. Esa es ahora la ley. Pero, además, el cuidado de la salud en este país puede ser muy costoso y aumentar en miles de dólares si hay enfermedades graves.

Por ejemplo, supongamos que alguna persona se cae y se fractura un brazo, acude a un hospital y le colocan un yeso. Cuando recibe la factura dice que le debe al hospital $2,000. Si no tiene seguro médico tendría que pagar el costo total. Pero si tiene un seguro médico, ¡sus gastos personales pueden ser más bajos! Todo depende del tipo de seguro médico que tenga y de los términos y condiciones de la póliza.

Es muy importante asesorarse bien y que tengas un seguro, ya que uno no sabe cuándo toca utilizarlo.

¿QUÉ ES EL MEDICARE?

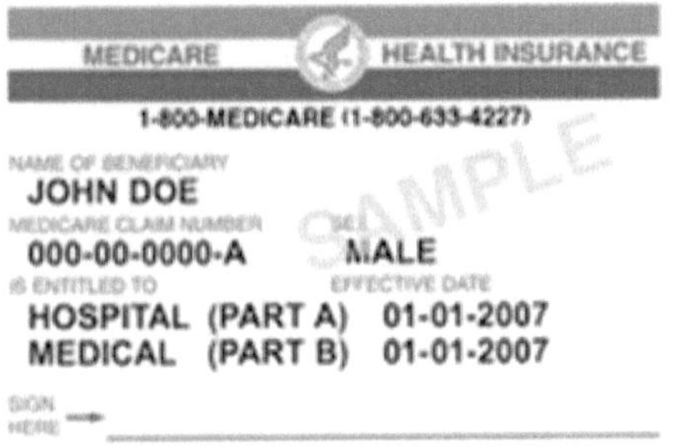

Medicare es un programa de cobertura de seguridad social administrado por el gobierno de Estados Unidos, el cual provee atención médica a todas las personas mayores de 65 años o más jóvenes consideradas discapacitadas debido a graves problemas de salud, como cáncer, insuficiencia renal con necesidad de diálisis, etc.

Aquí podrás conseguir más información en base a Medicare

https://www.ssa.gov

CAPITULO 12
Educación Escolar

TUS HIJOS Y LA EDUCACIÓN ESCOLAR.

Este es un tema fundamental, no existe en el mundo nada más importante que los hijos y por ello que quiero hablar de la vida de tu hijo en los Estados Unidos, porque por lo general pensamos en nosotros como inmigrantes, pero ¿te has detenido a pensar qué siente tu hijo como Inmigrante? Seguro que no, nosotros los adultos somos los que decidimos, los que tomamos las riendas y se hace lo que nosotros decidimos. ¡Pues NO! Esto no debe ser así, tus hijos son una parte notable de la nueva vida como Inmigrante, debes transmitir todo sobre él porque han tenido que dejar su País para vivir en uno que no conocen.

Si tomas en cuenta lo que voy a decir, te irá mejor con tus hijos en este país.

Por eso, si tienes Hijos antes de decidir dónde vas a vivir debes averiguar cuál Institución le corresponde a ellos, asegúrate que sea segura y que esté acorde a su nivel de educación. Esto lo puedes averiguar por internet o simplemente en el Centro de Estudios más cercano a la zona que más te guste.

TU RESPONSABILIDAD CON TUS HIJOS EN ESTE PAÍS.

TODOS LOS PADRES TIENEN LOS SIGUIENTES DERECHOS: EL DERECHO A UNA EDUCACIÓN PÚBLICA GRATUITA PARA SUS HIJOS Los padres tienen el derecho a una educación pública gratuita en un entorno educativo seguro y protector. Los padres tienen derecho a:

• Que su hijo reciba una educación pública gratuita desde el jardín de infantes hasta los 21 años de edad o hasta que reciba un diploma de escuela secundaria, lo que ocurra primero y conforme con la ley.

• Que se evalúe a un niño con una discapacidad y, si se determina la necesidad de una educación especial, que dicho niño reciba una educación gratuita y apropiada desde los 3 a los 21 años de edad, conforme con las leyes y disposiciones pertinentes.

• Que un niño reciba servicios de educación bilingüe o de inglés como segundo idioma para su hijo con un dominio limitado del inglés, según lo establecido por la ley y las disposiciones.

• Que su hijo reciba en forma completa su programa académico de acuerdo al calendario escolar anual del Departamento de Educación.

• Que su hijo aprenda en un entorno educativo seguro y protector, libre de discriminación, acoso, hostigamiento (matonismo) e intolerancia (fanatismo).

• Que su hijo sea tratado con respeto y cortesía por las otras personas y reciba iguales oportunidades educacionales independientemente de las siguientes características reales o percibidas: raza, color, religión, edad, credo, etnicidad, origen nacional, situación de extranjería, situación de ciudadanía, discapacidad, orientación sexual, género (sexo) o peso; g), que un niño reciba la totalidad de los derechos estipulados en la Declaración de Derechos y Responsabilidades de los Estudiantes (Bill of Student Rights and Responsibilities) que se puede encontrar dentro de las Normas Municipales de Intervención y Medidas Disciplinarias del Departamento de Educación de la Ciudad de Nueva York.

EL DERECHO DE ACCESO A LA INFORMACIÓN ACERCA DE SU HIJO

El Departamento de Educación y sus escuelas son responsables de proporcionar a los padres el acceso al expediente académico de su hijo y a la información disponible respecto a las oportunidades y los programas educativos. Los padres tienen derecho a:

• Recibir servicios de traducción e interpretación si los padres los requieren o solicitar ayuda lingüística a fin de tener una comunicación eficaz con el Departamento, conforme con lo dispuesto en la Disposición n.º A-663 del Canciller.

• Recibir información sobre todas las políticas, programas y disposiciones que requieren las opiniones de los padres a nivel de escuela, distrito y/o municipio.

• Que le permitan acceso a la información vigente sobre los servicios provistos por el sistema escolar, los requisitos para tener derecho a dichos servicios y cómo solicitarlos, (por ejemplo, transporte, servicios alimentarios, servicios médicos, enseñanza para estudiantes que aprenden inglés, clases de recuperación, servicios de educación especial, etc.)

• Recibir información sobre los exámenes obligatorios de evaluación lingüística, cognitiva y de la salud.

• Recibir información sobre las expectativas para su hijo con respecto a su programa educativo, asistencia y conducta; A los fines de este documento, padre significa uno de los padres(s) o tutor(es) legal(es), o cualquier otra persona(s) que tenga una relación paternal o de custodia con el estudiante, o el estudiante si es mayor de 18 años.

• Recibir información escrita sobre el criterio de calificación que se utilizará para evaluar el rendimiento académico de su hijo.

• Que le permitan acceso a la información referente al programa educativo de su hijo, que incluye, aunque no se limita al curso de estudio o plan de estudio.

• Que le otorguen garantía de que se mantendrán en confidencialidad los expedientes de su hijo, conforme con lo establecido en la Disposición n.º A-820 del Canciller.

• Que les permitan acceso a los expedientes académicos de su hijo y revisarlos dentro de los 45 días a partir de la fecha en que la escuela reciba la solicitud.

• Concertar una cita para que el personal escolar designado les explique los expedientes académicos de su hijo y que la entrevista se realice dentro de un plazo razonable de solicitada la cita.

• Solicitar que se entreguen los expedientes a una agencia externa, conforme con lo establecido en la Disposición n.º A-820 del Canciller, y, además, negar la divulgación de su información de contacto a instituciones universitarias y a reclutadores militares.

• Solicitar que los expedientes académicos de sus hijos sean enviados a su debido tiempo a otra escuela a la cual hayan sido transferidos.

• Autorizar la divulgación de la información personal que contienen los expedientes académicos de su hijo, con excepción de los casos contemplados en la Ley de Privacidad y Derechos Educativos de la Familia (FERPA) y de la Disposición n.º A-820 del Canciller, en los que se autoriza la divulgación sin consentimiento previo. Una de las excepciones para la que no se requiere autorización es en el caso de divulgación de la información a funcionarios escolares que necesiten revisar expedientes académicos para cumplir con su responsabilidad profesional.

Ejemplos de funcionarios escolares constan de empleados del Departamento de Educación de la Ciudad de Nueva York (NYCDOE), tales como administradores, supervisores, maestros, otros instructores o miembro del personal de apoyo, y las personas que el NYCDOE contrató para realizar servicios y desempeñar funciones para las cuales hubiera acudido en otras condiciones a sus empleados (tales como agentes, contratistas y consultores). Otra excepción permitiendo la divulgación sin consentimiento es la divulgación, con previa solicitud, a los funcionarios de otro distrito escolar en el cual su hijo busca o piensa inscribirse, o ya está inscrito si se hace para los propósitos de la inscripción o transferencia de su hijo.

• Presentar una queja ante el Departamento de Educación de los Estados Unidos por presuntas faltas de cumplimiento de la escuela respecto de los requerimientos de la FERPA. El nombre y la dirección de la oficina que administra a FERPA es:

Family Policy Compliance Office U.S. Department of Education 400 Maryland Avenue, SW Washington, DC 20202-8520

• Optar por no permitir que el nombre, la fecha de nacimiento y la dirección de su hijo se le divulguen al Departamento de Educación de Estados Unidos para el propósito de brindarles asistencia a los estudiantes y las familias cuando soliciten ayuda financiera, y también optar por no permitir que el nombre, la fecha de nacimiento y el grado que cursa su hijo (por ejemplo, noveno grado) se le entreguen a la National Student Clearinghouse, una organización que le proporciona al NYC DOE estadísticas sobre inscripción en la universidad y graduación.

EL DERECHO A PARTICIPAR ACTIVAMENTE Y COMPROMETERSE CON LA EDUCACIÓN DE SUS HIJO

Los padres tienen derecho a recibir oportunidades para participar significativamente en la educación de sus hijos. Los padres tienen derecho a:

• Sentirse bien recibidos, respetados y respaldados por la comunidad educativa.

• Ser tratados con cortesía y respeto por todo el personal escolar y recibir la totalidad de los derechos sin importar raza, color, credo, religión, nacionalidad, sexo, género, edad, grupo étnico, estatus de extranjería y ciudadanía, estado civil, inclinación sexual, identidad sexual, o discapacidad.

• Entablar una vía de comunicación, escrita u oral, con los maestros y otro personal escolar, y compartir las inquietudes referentes al progreso académico, social y de conducta del niño.

• Reunirse con los maestros de su hijo y el director de acuerdo con los procedimientos establecidos.

• Participar en reuniones significativas de padres y maestros en donde se converse sobre el progreso de sus hijos en la escuela y tener acceso a otros miembros del personal, según corresponda, a lo largo del año lectivo para analizar inquietudes.

• Recibir información con regularidad, ya sea de manera informal o a través de informes formales de progreso, acerca del progreso académico y de la conducta de sus hijos en la escuela.

• Recibir las garantías legales estipuladas en la Disposición n.º A-443 del Canciller y en el Código Disciplinario cuando su hijo esté sujeto a sanciones disciplinarias.

• Participar en las elecciones del Equipo de liderazgo escolar de la escuela de su hijo.

• Ir acompañado por un amigo, asesor o intérprete a las audiencias, conferencias, entrevistas y otras reuniones que traten sobre su hijo, en conformidad con los procedimientos establecidos, sin la aprobación previa del personal o la administración escolar.

• Recibir los servicios de un intérprete de señas, si dichos alumnos tienen una discapacidad auditiva, en toda reunión o actividad a la que asistan por una relación específica con los aspectos académicos o disciplinarios del programa educativo de sus hijos, siempre y cuando se realice un pedido por escrito antes de la reunión o actividad; en caso que no se encuentre un intérprete disponible, se realizarán otros tipos de adaptaciones razonables.

• Exigir que el personal escolar realice todo intento razonable de garantizar que los padres reciban las notificaciones importantes de la escuela, entre ellas, avisos sobre las reuniones de padres y maestros, las asambleas de la Asociación de padres o padres y maestros, las reuniones del Equipo de liderazgo escolar, las reuniones del Consejo de educación comunal, etc.

• Ser miembros de la Asociación de padres o padres y maestros de la escuela de sus hijos sin estar obligados al pago de las cuotas.

• Recibir una copia de la "Declaración de Derechos y Responsabilidades de los Padres" (Bill of Parent Rights and Responsibilities), las "Normas Municipales de Intervención y Medidas Disciplinarias" (Citywide Standards of Intervention and Discipline Measures), que incluye la "Declaración de Derechos y Responsabilidades de los Estudiantes"

(Bill of Student Rights and Responsibilities) y copias de las políticas específicas de la ciudad.

• Participar en los comités escolares (por ej., nutrición, seguridad,), en conformidad con las pautas que rigen a dichos comités.

• Postular como candidatos o, según corresponda, elegir por votación a los miembros de los Consejos de educación comunal y de la ciudad, de acuerdo con la ley y las Disposiciones.

• Asistir y participar en las asambleas de los Consejos de educación comunales y de la Ciudad y las reuniones del Panel para la Política Educativa, estas últimas abiertas al público, de conformidad con las disposiciones de la Ley de Asambleas Abiertas (Open Meetings Law) conocida como "Sunshine Law" y los procedimientos establecidos.

EL DERECHO A PRESENTAR QUEJAS Y APELACIONES RELACIONADAS CON CUESTIONES QUE AFECTEN LA EDUCACIÓN DE SUS HIJOS.

El Canciller ha promulgado disposiciones y políticas que establecen los procedimientos para presentar quejas o apelaciones relacionadas con asuntos que afecten la educación de sus hijos.

Dichos procedimientos se exponen en las siguientes Disposiciones del Canciller, a las que se puede acceder en: **http://schools.nyc. gov/RulesPolicies/ChancellorsRegulations/default.htm** y los procedimientos del DOE para la presentación de quejas por parte de los padres disponible en **http://schools.nyc.gov/Offices/FACE/ KeyDocuments/Parent+Complaint+Procedures.htm**

LOS PADRES TIENEN DERECHO A:

• Apelar una transferencia a otra escuela basada en el lugar de residencia, de conformidad con la Disposición n.º A-101 del Canciller.

• Presentar una queja por maltrato físico, de conformidad con la Disposición n.º A-420 del Canciller.

• Presentar una queja por abuso verbal de conformidad con la Disposición A-421 del Canciller.

• Apelar una suspensión del director o del superintendente, de conformidad con la Disposición n.º A-443 del Canciller.

• Apelar una transferencia involuntaria, de conformidad con la Disposición n.º A-450 del Canciller; f) apelar decisiones acerca de promociones, de conformidad con la Disposición n.º A-501 del Canciller.

• Presentar una queja y una apelación relativa a la elección del SLT, de conformidad con la Disposición n.º A-655 del Canciller.

• Presentar una queja y/o una apelación relacionada con las elecciones, disputas, medidas e inactividades del Consejo de presidentes o de la PA/PTA, de conformidad con la Disposición n.º A-660 del Canciller.

• Apelar una denegación de exención de vacunación, de conformidad con la Disposición n.º A-701 del Canciller.

• Presentar una queja relacionada con la remisión, evaluación, desarrollo o implementación del Plan de la Sección 504, de conformidad con la Disposición n.º A-710 del Canciller.

• Apelar la asignación escolar de un niño sin vivienda o en vivienda temporaria, de conformidad con la Disposición n.º A-780 del Canciller.

• Apelar las decisiones relacionadas con el cumplimiento de requisitos para el transporte, de conformidad con la Disposición n.º A-801 del Canciller.

• Apelar decisiones relacionadas con el cumplimiento de requisitos para comidas gratuitas o a precios reducidos, de conformidad con la Disposición n.º A-810 del Canciller.

• Exigir una enmienda de toda la información que se incorpore al expediente de sus hijos si ésta es falsa, engañosa o viola el derecho a la privacidad de los educandos de conformidad con la Disposición n.º A-820 del Canciller.

• Presentar una queja de presunta discriminación por parte de empleados del DOE, de conformidad con la Disposición n.º A-830 del Canciller.

• Presentar una queja de presunto acoso sexual de estudiante contra estudiante de conformidad con la Disposición n.º A-831 del Canciller.

• Presentar una queja de presunta discriminación, acoso, intimidación y/o prepotencia de estudiante contra estudiante de conformidad con la Disposición n.º A-832 del Canciller.

• Presentar una queja acerca del proceso de selección de un director o vicedirector de conformidad con la Disposición n.º C-30 del Canciller.

• Apelar la denegación de acceso a un registro público en poder del DOE, de conformidad con la Ley de Libertad de la Información (Freedom of Information Law) y conforme a la Disposición n.º D-110 del Canciller.

• Presentar una queja relacionada con la nominación y selección de los miembros de los Consejos de educación comunales, de conformidad con la Disposición n.º D-140 del Canciller.

• Presentar una queja relacionada con la nominación y selección de los miembros del Consejos de educación especial de la Ciudad y el Consejo del Distrito 75 de toda la Ciudad de conformidad con la Disposición n.º D-150 del Canciller.

• Presentar una queja relacionada con la nominación y selección de los miembros de los Consejos de escuelas secundarias de la ciudad, de conformidad con la Disposición n.º D-160 del Canciller.

• Presentar una queja relacionada con la nominación y selección de los miembros del Consejo de la Ciudad para los estudiantes que aprenden inglés, de conformidad con la Disposición D-170 del Canciller.

• Introducir una queja o una apelación de conformidad con los procedimientos del DOE para la presentación de quejas si la escuela de su hijo, sin seguir los procedimientos apropiados, le ha impedido al educando venir al plantel o recibir clases.

• Introducir una queja conforme a los procedimientos de presentación de quejas del DOE respecto de los siguientes programas ofrecidos en el marco de la Ley Que Ningún Niño Se Quede Atrás: Títulos I y II, Partes A y D, y Título III y Título IV, Parte A o acerca de cualquier asunto que afecte la educación del alumno y que no pueda ser abordado a través de los procedimientos establecidos en ninguna de las Disposiciones del Canciller mencionadas con anterioridad.

El Departamento de Educación de la Ciudad de Nueva York sigue la política de proporcionar oportunidades educacionales equitativas independientemente de las siguientes características reales o percibidas: raza, color, religión, edad, credo, etnicidad, origen nacional, estatus de extranjería, estado migratorio, discapacidad, orientación sexual, género (sexo), o peso.

El DOE también sigue la política de mantener un entorno libre de acoso por ninguna de las razones antes mencionadas, incluido acoso sexual. Las consultas acerca del cumplimiento de las leyes aplicables pueden dirigirse a: Office of Equal Opportunity, 65 Court Street, Brooklyn, New York, 11201, (718) 935-3320.

TODOS LOS PADRES SON RESPONSABLES DE:

• Enviar a sus hijos a la escuela preparados para aprender.

• Garantizar que sus hijos asistan a la escuela con regularidad y lleguen puntualmente.

• Estar al tanto del trabajo, el progreso y los problemas de sus hijos a través de las notificaciones de la escuela, de conversaciones con el niño acerca de la escuela, de revisiones del trabajo y el informe de progreso de sus hijos, y de reuniones con el personal escolar.

• Mantener una comunicación, verbal o escrita, con los maestros y el director sobre el progreso académico de los educandos.

• Adherirse a todas las políticas escolares y a las Disposiciones del Canciller pertinentes a la educación de sus hijos.

• Responder a su debido tiempo los avisos de la escuela.

• Asistir a todas las reuniones y conferencias que convoque la escuela para temas relacionados con los alumnos.

• Ingresar al edificio escolar de manera respetuosa, abstenerse de conducta perturbadora del orden y tratar con amabilidad y respeto a los miembros del personal escolar, a los estudiantes, a los padres y al resto de los miembros de la comunidad educativa.

• Asegurarse de que la escuela reciba datos actualizados con información de contacto correcta (por ejemplo, dirección particular, número de teléfono).

LOS PADRES ADEMÁS DEBEN:

1. brindar un entorno en el hogar que sirva de apoyo a la enseñanza y en donde la educación sea una prioridad.

2. recalcar la importancia de adquirir los conocimientos, las habilidades y los valores necesarios para participar eficazmente en la sociedad.

3. Ofrecerle a la escuela voluntariamente tiempo, conocimientos o recursos.

4. participar en programas escolares y comunitarios que faciliten a los padres para que sean parte de la toma de las decisiones educacionales.

5. Hacerse miembros activos de la Asociación de padres o la Asociación de padres y maestros de la escuela.

6. hacerse miembros activos del Comité de padres del Título I, cuando corresponda.

7. preguntarles a sus hijos acerca del trabajo escolar, la asistencia a clases y la conducta, y hablar con los educandos acerca de las expectativas de la escuela.

8. Enseñarles a sus hijos a respetar al individuo, la propiedad, la seguridad y los derechos de terceros y abstenerse de mostrar conductas que intimiden, acosen o discriminen.

NOTA: Cuando llegue el momento de matricular a su hijo es posible que deba proveer los siguientes documentos: Los expedientes médicos del niño y prueba de vacunas; Documentos que prueben la identidad de su hijo, como un Certificado de Nacimiento. (Ojo: Los funcionarios escolares no deben utilizar estos documentos para probar si su hijo es ciudadano estadounidense o no); o prueba de si su hijo vive en el distrito escolar. Si un funcionario escolar le prohíbe a su hijo o hija matricularse en la escuela o participar de algún programa escolar, debido a su estatus migratorio, tiene la responsabilidad de contactar a la oficina de Derechos Civiles del Departamento de Educación al 1-800-421-3481 o un abogado.

Si un maestro, funcionario escolar o compañero de estudios trata a su hijo o a usted de manera distinta por las razones ya mencionadas, no se quede callado. La conducta discriminatoria a menudo puede resolverse con una simple conversación con los funcionarios escolares o de distrito. Explique lo que ocurre y llegue a un acuerdo para resolver el problema. Si el problema no se resuelve, llame a la oficina de Derechos Civiles del Departamento de Educación al 1-800-421-3481.

EL BULLYING

Este es un tema muy delicado quise indagar mucho más y visité www.stopbullying.gov aquí encontré muchas formas de ser acosado.

DEFINICIÓN DE ACOSO

El acoso es un comportamiento agresivo y no deseado entre niños en edad escolar que involucra un desequilibrio de poder real o percibido. El comportamiento se repite o tiende a repetirse con el tiempo. El acoso incluye acciones como amenazas, rumores, ataques físicos y verbales, y la exclusión de alguien de un grupo de manera intencional.

Así como lo lees posiblemente has sido víctima de acoso y no te has dado cuenta o simplemente no le tomas importancia. Aquí en Estados Unidos es diferente hay derechos y leyes que te apoyan y protegen en caso de tener algún caso de Acoso.

PAPEL DE LOS NIÑOS

Los niños pueden jugar muchos papeles. Pueden acosar a otros, ser acosados o ser testigos del acoso. Cuando los niños están involucrados en el acoso, juegan con frecuencia más de un papel. Es importante comprender los múltiples papeles que juegan los niños para poder prevenir y responder ante el acoso de manera eficaz.

Debes tener mucho cuidado con tus hijos, hablar con ellos siempre, tomar en cuenta el cambio de conducta, no dejes pasar la oportunidad de que tu hijo(a) estén protegidos, no tengas miedo a preguntar o conversar con ella o el, que te digan que sienten o cómo se sienten en el colegio, en el Bus e incluso en el parque o en tu propia comunidad.

Ese es mi consejo, si quieres más información visita **www.stopbullying. gov** ellos están para ayudarte.

HABLEMOS DE RESIDENCIA Y CIUDADANÍA.

Si eres Residente Permanente tienes derecho a:

Sus Derechos Y Responsabilidades

Lo que realice a partir de ahora como residente permanente puede afectar sus posibilidades de obtener la ciudadanía de los Estados Unidos de América en el futuro. Al proceso para obtener la ciudadanía se le llama "naturalización".

COMO PERSONA CON RESIDENCIA PERMANENTE, TIENE DERECHO A:

1. Vivir y trabajar permanentemente en cualquier parte de los Estados Unidos.

2. Solicitar la ciudadanía una vez que haya cumplido con los requisitos.

3. Solicitar una visa para que su cónyuge y sus hijos solteros residan en los Estados Unidos.

4. Recibir prestaciones del Seguro Social, del Seguro de Ingreso

Suplementario (Supplemental Security Income) y de Medicare, si cumple con los requisitos.

5. Adquirir propiedades en los Estados Unidos.

6. Solicitar una licencia para conducir un vehículo en su estado o territorio.

7. Salir del país y volver a entrar bajo ciertas circunstancias.

8. Asistir a una escuela pública y una institución de educación superior.

9. Alistarse en ciertas ramas de las Fuerzas Armadas de los Estados Unidos.

10. Comprar o poseer un arma de fuego, siempre que no haya restricciones estatales o locales que lo prohíban.

COMO PERSONA CON RESIDENCIA PERMANENTE, TIENE LA RESPONSABILIDAD DE:

1. Obedecer todas las leyes federales, estatales y locales.

2. Pagar los impuestos sobre la renta federales, estatales y locales.

3. Inscribirse en el Sistema del Servicio Selectivo de las Fuerzas Armadas de los Estados Unidos, si es un varón entre 18 y 26 años de edad.

4. Mantener su residencia permanente.

5. Llevar consigo en todo momento documentación que compruebe su residencia permanente.

6. Notificar por escrito al Departamento de Seguridad Nacional (Department of Homeland Security-DHS) su nueva dirección cada vez que se mude de casa. Deberá hacer esto dentro de un plazo no mayor de 10 días después de su mudanza.

7. A las personas con residencia permanente se les expide una Tarjeta de residente permanente válida (el Formulario I-551) como constancia de su situación legal en el país. Algunas personas le dan a esta tarjeta

el nombre en inglés de Green Card. Si es residente permanente y ha cumplido 18 años de edad o más, debe llevar consigo esta documentación sobre su estado legal ante las autoridades de inmigración. Deberá presentar su tarjeta a cualquier oficial de inmigración que se la pida. Su tarjeta es válida por 10 años y es necesario renovarla antes de su fecha de vencimiento. Plazar o renovar su Tarjeta de residente permanente, deberá llenar y presentar el Formulario I-90.

Este formulario lo puede obtener en la siguiente dirección de la web: **http://www.uscis.gov** o llamando a la Línea de Formularios del USCIS. Es necesario pagar un cargo al presentar el Formulario I-90.

La Tarjeta de residente permanente demuestra que tiene el derecho de vivir y trabajar en los Estados Unidos. También la puede utilizar para reingresar al país. Si ha estado fuera de los Estados Unidos durante más de 12 meses, deberá presentar documentación adicional para volver a ingresar como residente permanente.

¿CÓMO ME CONVIERTO EN CIUDADANO(A) NORTEAMERICANO(A)?

Generalmente, para ser elegible para la naturalización debe:

1. Tener 18 años o más.

2. Ser un residente permanente por un cierto periodo de tiempo (normalmente 5 años o 3 años, dependiendo de cómo obtuvo su estatus).

3. Ser una persona con buen carácter moral.

4. Tener conocimiento básico del gobierno estadounidense (esto, también puede exceptuarse debido a limitaciones físicas o mentales permanentes).

5. Tener un período de residencia continua y presencia física en los Estados Unidos.

6. Ser capaz de leer, escribir y hablar un nivel básico de inglés.

Existen excepciones a esta regla para ciertos casos al momento de presentar la solicitud:

a) Tiene 55 años de edad y ha sido residente permanente al menos 15 años.

b) Tiene 50 años de edad y ha sido residente permanente al menos 20 años.

c) Tiene una discapacidad física o mental que le impida cumplir con estos requisitos.

Esto es lo básico para convertirte en **ciudadano norteamericano.**

Por supuesto, hay otras opciones legales (diferentes Visas) para vivir en los Estados Unidos De América. Para esta última recomiendo consultes con un buen abogado.

Quiero Finalizar este segmento con una experiencia vivida, cuando yo ingrese a EE.UU. mis familiares y amigos me decía una manera diferente de poder optar por mi estatus legal en el país. Cada uno decía algo diferente, todos pensaban y decían qué hacer y no hacer, hasta que un día no pude más y sencillamente acudí a mi abogado y fue tan sencillo comprender que no hay que escuchar a todo el mundo con opiniones diferentes. Recuerda que este país es lo que dice la Ley, no lo que dicen tus amigos, o mejor aún lo que tú quieras escuchar. Cada caso es diferente, uno del otro.

Por eso recomiendo ampliamente que:

Busques un buen abogado

Si quieres más información de las opciones que tienes para permanecer legal en este país ingresa a la página oficial de emigración:

www.uscis.gov

CAPITULO 13
Alcohol, Bebidas y Drogas

LEYES O DEBERES COTIDIANOS QUE QUIZÁS NO SEPAS

DROGAS

La posesión ilegal de drogas es perseguida por las leyes de Estados Unidos. Las penalizaciones pueden variar de un estado a otro, si bien podemos adelantar que la posesión ilegal de drogas puede acarrear terribles consecuencias, que bien podrían ir desde recibir importantes multas hasta ingresar en prisión.

ALCOHOL

Ten en cuenta que en Estados Unidos la edad mínima para consumir alcohol es algo superior. Necesitas tener al menos 21 años para poder consumir alcohol de forma legal. Puedes ser arrestado por la policía si aún no tienes la edad mínima legal en el país y tratas de comprar y/o consumir alcohol. Incluso si tienes 21 años, recuerda que en muchos lugares de Estados Unidos no se permite beber alcohol en la calle, ni siquiera llevar una botella de alcohol públicamente.

TABACO

Si bien, la ley antitabaco ha cambiado el entorno y el consumo en presencia de otros ciudadanos como en España, debes tener en cuenta que la sociedad americana podría ser menos tolerante al tabaco que la sociedad española.

SEGURIDAD VIAL

Las leyes de circulación y seguridad podrían ser diferentes de un estado a otro. Debes estar al tanto de las leyes de seguridad vial de la ciudad donde vives o hacia dónde te diriges.

Imagino que has escuchado en películas (eso espero o leído) de mucho esto:

1. Usted tiene derecho a permanecer en silencio.

2. Cualquier cosa que usted diga, puede ser usado en su contra en corte de ley.

3. Usted tiene derecho de tener un abogado presente ahora y durante cualquier interrogatorio futuro.

4. Si usted no puede contratar un abogado, se le proporcionará uno libre de cargos, si usted lo desea.

A estos derechos se les llama Derechos "Miranda" o Advertencia Miranda. En inglés Miranda warning o Miranda ruling

CAPITULO 14
Derecho Miranda y la 5ta Enmienda

¿POR QUÉ SE LLAMA DERECHOS MIRANDA?

En 1963, Ernesto Arturo Miranda fue detenido por secuestro y violación, lo cual confesó sin ninguna advertencia de su derecho constitucional a guardar silencio, o su derecho de tener un abogado presente. En el juicio, el fiscal ofreció sólo su confesión como prueba y Miranda fue condenado.

La Corte Suprema resolvió (Miranda v. Arizona, 384 U.S. 436 1966) que Miranda había sido intimidado durante su interrogatorio y que no había entendido su derecho a no incriminarse ni su derecho a ser asistido por un abogado. Sobre esas bases, la Corte revocó el fallo anterior. Miranda fue luego condenado en otro juicio, con testigos que declararon en su contra y otras pruebas presentadas. Cumplió 11 años de condena.

Irónicamente, algunos años después Miranda fue asesinado en una pelea de cuchillos, a su homicida se le leyeron los derechos Miranda, los cuales invocó para no tener que declarar.

AQUÍ LES DEJO LA FAMOSA QUINTA ENMIENDA

Inglés:

No person shall be held to answer for a capital, or otherwise infamous crime, unless on a presentment or indictment of a Grand Jury, except in cases arising in the land or naval forces, or in the Militia, when in actual service in time of War or public danger; nor shall any person be subject for the same offence to be twice put in jeopardy of life or limb; nor shall be compelled in any criminal case to be a witness against himself, nor be deprived of life, liberty, or property, without due process of law; nor shall private property be taken for public use, without just compensation.

Español:

Nadie estará obligado a responder de un delito castigado con la pena capital o con otra infamante si un gran jurado no lo denuncia o acusa, a excepción de los casos que se presenten en las fuerzas de mar o tierra o en la milicia nacional cuando se encuentre en servicio efectivo en tiempo de guerra o peligro público; tampoco se pondrá a persona alguna dos veces en peligro de perder la vida o algún miembro con motivo del mismo delito; ni se le forzará a declarar contra sí misma en ningún juicio criminal; ni se le privará de la vida, la libertad o la propiedad sin el debido proceso legal; ni se ocupará su propiedad privada para uso público sin una justa indemnización.

Queridos lectores acá termina esta interesante guía. Gran parte de este contenido es una experiencia que comparto para que eviten cometer los errores cotidianos de un inmigrante. Espero les funcione.

Este Libro o Guía está realizado con motivos de información solamente, en ningún momento mi intención es involucrarme con sus decisiones y mucho menos asesorar a ninguna persona respecto a su vida personal. De todo corazón les deseo mucha suerte en este País. Pronto estaré lanzando El Segundo Capítulo de este gran libro.

Dedicado a Mi Padre y a todos los inmigrantes del Mundo.

Ahora me tocó ser un inmigrante, y comprendo a mi padre cuando decía que era muy duro dejar su vida, su historia y su País para comenzar en otro.

Mi Nombre es Aldo Lauricella y vivo en Estados Unidos De América.

Continúo corrigiendo errores para buscar la perfección de vida en este país.

Mi Sueño Americano es:

VIVIR CON SEGURIDAD

TENER UN HOGAR PROPIO (Que puedas pagar)

TENER UN TRABAJO O NEGOCIO DIGNO

TENER TRANQUILIDAD

VIVIR EL DÍA A DÍA

Suerte de todo Corazón.